A Study of Organizational Trust on Employees' Creative Behavior

Knowledge Sharing
as a Mediator

组织信任对员工创新行为影响机制研究

以知识分享为中介

龙春秀 著

WUHAN UNIVERSITY PRESS
武汉大学出版社

图书在版编目(CIP)数据

组织信任对员工创新行为影响机制研究:以知识分享为中介/龙春秀著.—武汉:武汉大学出版社,2020.12(2022.4 重印)
ISBN 978-7-307-21954-0

Ⅰ.组… Ⅱ.龙… Ⅲ.企业创新—创新管理—研究 Ⅳ.F273.1

中国版本图书馆 CIP 数据核字(2020)第 233369 号

责任编辑:沈岑砚　　责任校对:李孟潇　　版式设计:韩闻锦

出版发行:**武汉大学出版社**　(430072　武昌　珞珈山)
(电子邮箱:cbs22@ whu.edu.cn　网址:www.wdp. com.cn)
印刷:武汉邮科印务有限公司
开本:720×1000　1/16　印张:8.75　字数:131 千字　插页:1
版次:2020 年 12 月第 1 版　2022 年 4 月第 2 次印刷
ISBN 978-7-307-21954-0　定价:28.00 元

前　　言

创新创造未来。今天，创新意识和创新能力越来越成为一个国家国际竞争力和国际地位的最重要的决定因素。创新是多层次、多元化的，既包括个人、组织、社会的创新，也包括法律、制度甚至思想的创新。世界知识产权组织等机构每年组织发布的《全球创新指数》，从制度环境、人力资本和研究、基础设施、市场成熟度、知识和技术产出、创意产出等方面进行评估，反映出创新体系的整体性。从实际来看，个体创新尤其是员工创新行为是其中的一个重要方面，无论是员工创新的个体偶然性，还是组织必然性，都是创新趋势中最为值得研究的方面。

因此，本书根据文献研究，结合专家研究建议、企业调查、实地访谈等形式，确定以“组织信任对员工创新行为的影响——基于知识分享与组织学习的作用”为研究主题，通过构建理论分析框架，提出相关研究假设并进行数据验证分析，探讨组织信任对员工创新行为的影响机制。本书主要分析组织内的信任，包括系统信任、上级信任、同事信任等，如何影响员工创新思维的产生以及创新行为的执行，并且以知识分享为中介变量，研究探讨其在组织信任与员工创新行为之间所起的中介作用。此外，相关研究表明，组织学习也对员工的积极工作行为具有重要影响，因此，很有必要探究组织学习与组织信任的交互作用如何对员工知识分享和创新行为产生影响。

根据对 402 名员工的数据处理，我们以 SPSS25.0 和 AMOS21.0 作为专业统计分析软件工具，通过相关分析、方差分析、层级回归模型与结构方程等分析方法对研究假设进行了验证。通过理论研究与实证分析，我们得出的研究结论如下：

第一，组织内信任中系统信任、上级信任、同事信任对员工创新的直接作用效果显著。本研究以组织内的“系统信任”“上级信任”“同事信任”为自变量，以“员工创新行为”中的“产生构想”和“执行构想”为因变量，进行回归分析，发现组织信任对员工创新行为具有积极影响。其中，系统信任与员工创新过程中产生构想显著正相关($\beta = 0.228$，$p<0.05$)。上级信任与员工创新过程中执行构想显著正相关($\beta = 0.222$，$p<0.05$)。同事信任与员工创新显著正相关($\beta_1 = 0.182$，$p<0.05$；$\beta_2 = 0.148$，$p<0.05$)。可见，组织内不同层面的信任对员工创新行为的影响是不同的，比较而言，同事信任对员工创新行为发挥效用最明显。

第二，组织信任对知识分享的直接效果显著。本研究以组织内的“系统信任”“上级信任”“同事信任”为自变量，以“知识分享”中的“分享意愿”与“分享能力”为因变量，进行回归分析，发现组织信任对知识分享具有积极影响。其中，系统信任与知识分享能力以及知识分享意愿具有显著的正相关($\beta_1 = 0.149$，$p<0.05$；$\beta_2 = 0.197$，$p<0.05$)。上级信任与知识分享能力正相关($\beta = 0.242$，$p<0.05$)。同事信任与知识分享的两个方面正相关($\beta_1 = 0.468$，$p<0.05$；$\beta_2 = 0.247$，$p<0.05$)。比较而言，上级信任和同事信任对员工知识分享具有更加积极的作用。

第三，知识分享意愿与知识分享能力正向影响员工的创新行为。本研究以员工“知识分享”中的“分享意愿”与“分享能力”为自变量，以“员工创新行为”中的“产生构想”和“执行构想”为因变量，进行回归分析，发现知识分享能积极影响员工创新行为。其中，知识分享意愿与员工产生构想正相关($\beta = 0.190$，$p<0.05$)。知识分享能力与员工创新行为正相关($\beta_1 = 0.461$，$p<0.05$；$\beta_2 = 0.196$，$p<0.05$)。在个体层面上证明了员工知识分享对其创新行为的正向作用。

第四，知识分享在组织信任与员工创新行为之间中介效应显著。在个体层面上，以“员工创新行为”为因变量，以“知识分享”为中介变量，以“组织信任”为自变量进行数据分析，在不考虑控制变量的情况下，发现组织信任不仅能直接作用于员工创新行为，还能通过影响员工的知识分享意愿和知识分享能力而间接作用于员工创意的产生与执行创意的行为。组织信任的三个维度中，同事信任对知识分享中的知识分享意愿和分享能力表现出显著影响（$\beta_1=0.268$，$p<0.05$；$\beta_2=0.380$，$p<0.05$）。说明同事信任主要是通过员工知识分享能力和知识分享意愿带来创意的产生并执行构想，系统信任则主要通过知识分享意愿对员工产生构想发挥积极作用。

第五，组织学习对组织信任与员工创新行为之间具有显著的调节作用。在以“组织学习”为调节变量，以“组织信任”为自变量，“员工创新行为”为因变量的模型中，通过组织信任与组织学习的交互项，检验了组织学习对组织信任与员工创新行为关系的调节效应。回归结果显示，组织学习正向调节组织信任与员工创新行为关系，总体而言，员工感知组织学习程度越高，组织信任对创新行为的促进作用越明显。

第六，组织学习对知识分享在组织信任与员工创新行为之间的中介关系具有显著的调节作用。在以“组织学习”为调节变量，“组织信任”为自变量，“知识分享”为中介变量，“员工创新行为”为因变量的被中介的调节效应模型中进行检验，得到的回归结果显示，组织学习正向调节知识分享对组织信任与员工创新行为的中介关系，即组织学习水平越高，知识分享对组织信任与员工创新行为的中介作用越强，证明组织信任对促进员工知识分享及带来的员工创新行为是有边界条件的。

第七，人口学变量在组织信任与员工创新行为的调节作用。以员工的年龄、工作年限、学历等为调节变量，检验其在组织信任与员工创新行为的调节作用，通过 AMOS21.0 多群组分析，发现年龄、工作年限、学历三者在组织信任与创新行为的影响关系上不存在显著调节作用。

最后，针对数据分析结果，本书得出研究结论并提出相应的管理对策和建议，同时针对存在的不足提出未来研究方向。

目　录

第一章　绪　　论

本部分主要阐明研究的现实背景与理论背景，结合研究目的与研究意义，阐述研究主题、研究思路、结构安排、技术线路等研究内容，并对研究方法与不足进行补充说明。

一、研究背景

根据党的十九大报告，“创新是引领发展的第一动力，是建设现代化经济体系的战略支撑”，我们要“加快建设创新型国家”。创新能力越发成为国际经济竞争甚至综合国力竞争的关键所在，因此，世界主要国家争相寻找创新的突破口。在创新的各要素中，人是重中之重。在各种资源中，人才资源是第一资源。员工创造力是推动企业创新的重要因素，员工个人层面的创造力和创新行为是组织创新的基础与起点，其与个体的遗传因素、环境、制度、思维以及氛围等都密切相关。

我国传统文化氛围浓厚，因此我们社会中“情、理、法”顺序的影响还是存在的，尤其是在一些具体环节上，讲究中庸和弹性，虽然很大程度上在日常管理与创新中起到激励与润滑作用，能够调节氛围，促进和谐，但也会使一些有个性特点的员工，特别是其在创新过程中出现个体创新行为时，会产生疑虑和顾忌，进而影响个体甚至团队的创新意愿、行为和动力以及组织团队的创新效率。

组织信任是研究员工组织行为的一项重要心理变量，吸引了很多学者的关注。有关组织信任的研究发现，信任是组织的“润滑剂”，能够促进团队合作、信息交换，减少内耗，降低监督成本和交易成本，从而提高管理效率。反之，如果组织中的信任遭到破坏，可能导致员工秘密追求个人利益、隐藏信息，甚至引发恶性冲突，给组织管理带来显著的负面影响。从逻辑上讲，对于知识型员工而言，其对组织信任的氛围越浓，知识分享的意愿也就越强，创新的意愿和能力也就越突出。

二、研究目的和研究意义

(一)研究目的

提起企业创新，人们往往联想到技术创新和产品创新，其实企业创新的形态远不止这些。一般而言，企业创新主要包含展战略创新、技术创新、组织与制度创新、产品(或服务)创新、营销创新、文化创新、管理创新等，这些都最终要通过人来实现。

本书的主要目的是以从事技术研究、生产制造等部门的员工为研究对象，来考察组织信任与员工创新行为的一般关系。旨在揭示组织信任、上级信任、同事信任对员工创新行为影响的普遍规律。具体而言，本书主要研究在中国现阶段的经济、文化、科技发展的背景下，组织信任、上级信任、同事信任与知识分享、组织学习、员工创新行为等关键变量的作用关系，揭示组织信任通过员工的知识分享意愿与知识分享能力等中介变量的作用对员工产生构想与执行构想的作用机制，为企业的知识管理、组织学习以及提高员工创新行为提供理论支撑与实践依据。本书的研究目的主要体现在以下三个方面：

第一，理论推进并实证检验组织信任、上级信任、同事信任对员工创新行为的影响关系。信任是人际间关系的重要桥梁，信任比一般其他的态度更能够预测结果。已有研究表明，组织信任对知识分享、工作满意度和离职倾向等产生重要的影响(刘宗华等，2016；阳芳，韦晓顺，2016)。在我国，组织内的信任对员工创新行为的影响，无论从个人层面，还是从团队层面，都是值得我们认真剖析的研究内容。本书从理论研究与实证分析相结合的视角，探讨三种不同的组织信任类型对员工产生构想以及执行构想的影响效果以及存在的差异性。

第二，理论推进并实证检验知识分享意愿、知识分享能力在组织信任与员工创新之间的中介作用。在对企业创新生成机制的研究中，企业文化、领导风格、员工的学习能力、创新的评价机制、员工的主动性与合作精神等。面对复杂而充满挑战性的创新项目，个体无法独立获得有效开展创新的所有知识和技能，他们需要通过合作和分享获取更多的信息以应对挑战性情况。知识分享作为员工相互沟通、知识重建的过程，是知识管理的内容之一，也成为学者研究的热点问题。其中，社会关系、信任、共同目标、互惠等社会资本显著影响个人的知识分享行为(董晶，2008)，同时知识分享意愿对创新激情与员工创造力关系起部分中介作用(商燕劼等，2019)。本书从知识管理和社会资本视角出发，把知识分享意愿与知识分享能力纳入组织信任与员工创新行为的关系中，深入分析验证知识分享在系统信任、上级信任、同事信任与产生构想以及执行构想的中介作用。

第三，理论推进并实证分析检验组织学习在组织信任、知识分享与员工创新行为的调节作用。组织学习是各种知识生产过程的组合，包括一系列不同于个人学习的活动，它是集体现象，既可以创造出新的知识，也可以产生组织惯例和流程。国内学者对组织学习的研究，注重探讨其作用机制与中介效应(檀灿灿，殷华方，2019；郑庆华等，2019)。本研究基于已有的知识创造理论等相关理论，结合文献整理，深入企业调查并实践验证，分析组织学习在组织信任与知识分享以及员工创新行为之间调剂作用。

(二)研究意义

组织信任和员工创造力是组织行为学领域的两个重点，正日益受到国内外学者的重视与关注。本研究基于知识管理论、资源保存理论、知识创造理论等，从社会学、管理学和心理学角度出发，探讨组织信任对员工创造力影响的效应大小以及作用方向，同时考虑组织学习与员工个体特征对信任和员工创造力的边界效应，这对信任和员工创造力的理论与实践具有重要的参考价值。本研究的理论意义具体体现在以下三个方面：

第一，推进中国情境下的组织内信任体系的研究。作为信任的一种，组织内信任在企业管理中发挥的作用越来越明显。目前关于组织信任的划分主要包括两个方面：组织内的信任和组织间的信任。本研究主要关注组织内员工对组织、员工对领导、员工对员工的信任。通过文献研究与对比分析，丰富与完善组织信任的特点、生成机制以及作用机制等方面的研究。

第二，推进员工创造力理论的研究。通过探究信任对员工创造力的影响，以及知识分享的中介效应，进一步完善对员工创造力的理论。已有关于员工创造力的研究主要关注了外部环境，如领导力，与员工特质，如主动性和风险倾向性等对员工创造力的影响。本研究是从组织文化的视角，将信任作为企业组织文化的一部分加以研究，同时结合心理学的激励视角，探讨信任对知识分享行为的激励效应，将信任作为一个重要的隐性激励因素或者内部激励因素，以期丰富和完善创造力相关理论，促进企业创新能力的研究。

第三，推进组织信任与员工创造力的内部作用机制的实证研究。本研究以402 名员工作为研究对象，以组织信任中的系统信任、上级信任、员工信任为因变量，以员工的产生构想与执行构想为因变量，以知识分享意愿与知识分享能力为中介变量，以组织学习中的学习承诺、开放心态和分享意愿为调节变量，综合运用相关分析、多元回归分析以及结构方程模型等统计方法，揭示组织信任对员工创新行为影响的内在作用机理。

本研究的实践意义主要体现在如下三点：

第一，管理者应该提高知识管理的意识与能力，促进员工知识分享意愿与知识分享能力的提升。

第二，组织应该加强营造信任的组织氛围。

第三，企业应该挖掘组织学习与员工个体特征对创造力的影响。对组织管理者而言，在招聘员工时，除考察应聘者必要工作技能之外，还要考虑员工受教育者程度和工龄等因素对其创造力的潜在影响。同时，对于不同年龄、不同学历、不同资历的员工，应该设置不同职业生涯管理，做到人尽其才，人岗匹配。对员工而言，要加强组织学习能力与提升知识分享意识，增强创新能力，提升职业发展空间。

三、研究内容、技术路线与研究方法

(一)研究内容

首先，结合研究背景，通过文献检索、研读、整理等方法，回顾与评述国内外有关组织信任、员工创造力、知识分享、组织学习的相关研究，在文献研究的基础上提炼和梳理已有研究的贡献与不足以及有待研究的问题，确定本研究的基本理论模型。其次，基于知识管理理论、资源保存理论、社会资本理论和知识创造理论，构建组织信任与员工创造力的假设模型，并提出相应的假设。再次，通过大规模的正式问卷调查，搜集被试数据，并对数据进行整理和分析，同时基于处理和数据分析的结果，检验研究假设，揭示模型中变量之间的相关关系。最后，结合相关的理论来解释和分析相关结果，发现和探讨其背后的深层原因，以供关注员工创新行为或组织信任的企业组织单位的领导参考。

因此，本书以组织信任对员工创新行为的作用机制为主线，以知识分享为中介，从组织学习和员工个体特征为调节因素，进行整体分析。本书的基本逻辑框架如图 1-1 所示。

(二)研究的框架路线

1. 研究框架

本书研究内容主要包括四个部分：

第一部分是导论。重点介绍研究的来源与背景。

第二部分是文献综述与理论基础。重点是组织信任、员工创造力、知识分享、组织学习内涵、测量、前因后果以及研究评述，同时以知识管理理论、资源保存理论、社会资本理论和知识创造理论等为基础，确定本研究的基本理论模型。

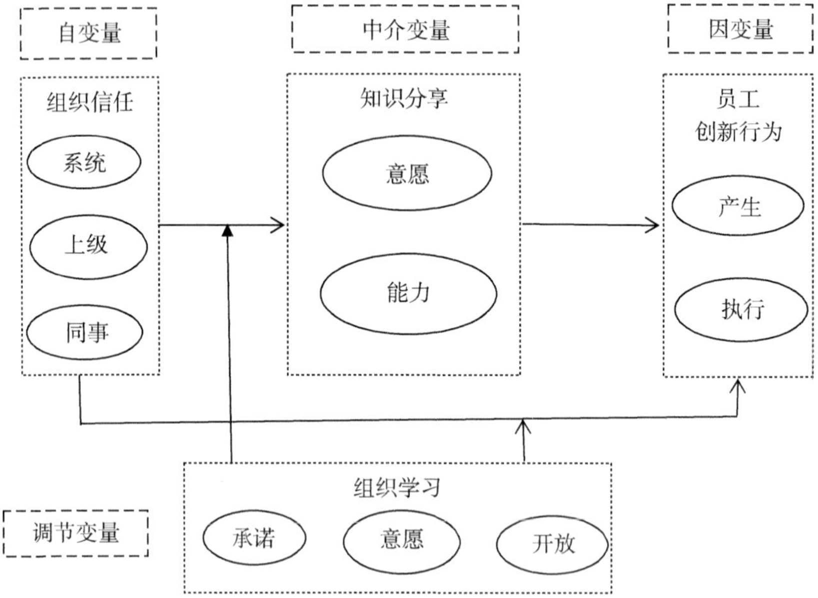

图 1-1　本书基本逻辑框架

第三部分是研究假设与实证。按照理论研究的规范进行推进，结合已有研究，确定理论假设及变量之间的关系，同时进行正式的问卷调查，搜集被试数据，并对数据进行整理和分析，并基于处理和数据分析的结果，检验研究假设，揭示模型中变量之间的相关关系。

第四部分是研究结论与展望。对模型检验的结果，结合理论假设及理论基础，进行深入的分析探讨，寻找其实际效果，为理论研究和实际借鉴打下基础。以知识管理理论、资源保存理论、社会资本理论和知识创造理论等为基础，发现和探讨其背后的深层原因，以供关注员工创新行为或组织信任的企业组织单位的领导参考。本书研究框架如图 1-2 所示。

2. 技术路线

本书的研究技术路线脉络是以现实背景和理论背景为出发点，确定研究主题、开展理论文献综述分析、确定研究变量、构建假设模型、开展问卷调查与

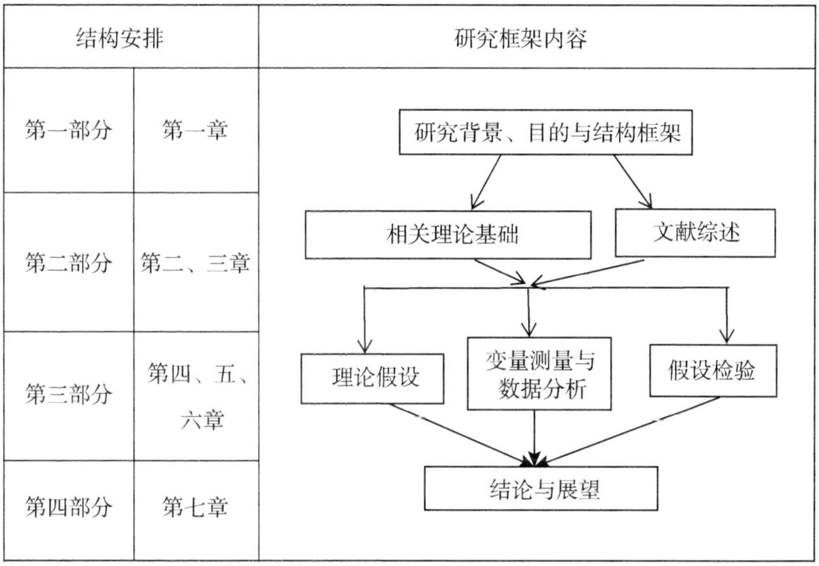

图 1-2　本书的研究框架

数据分析，到最后进行展望。研究过程坚持理论与实证研究结合，本着准确、全面原则逐步展开，具体技术路线图如图 1-3 所示。

（三）研究方法

本书的研究方法主要包括以下几个方面：

第一，文献研究法。通过中文和外文图书馆电子资料库，如中国知网、万方数据资源系统、中国社会科学引文索引（CSSCI）等期刊全文数据库及 ProQuest 硕博论文数据库等，通过输入组织信任、知识分享/共享、（员工）创造力、组织学习等关键词及组合，广泛搜集与本研究相关的中英文献与资料，总结已有的文献，分析文献的研究思路与研究方法，归纳变量的内涵、影响因素、作用机制、测量方法等，搭建研究框架，提出研究假设。

第二，问卷调查法。结合本书研究问题的性质和特点，本研究拟在武汉、上海、杭州和北京选择 400 多名问卷调查对象，发放组织行为调查问卷，请员

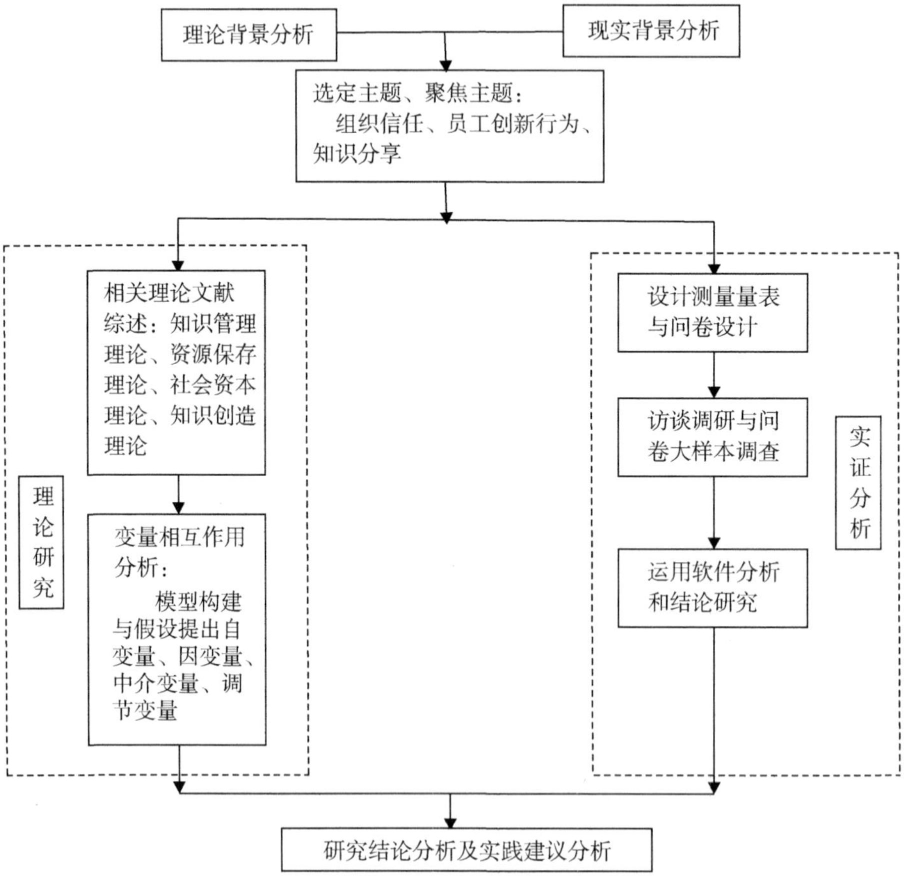

图 1-3　本书的技术路线图

工评价组织信任、个体创造力、组织学习、知识分享等内容，通过统计分析验证研究假设，得出研究结论。

第三，多学科交叉研究法。吸收国内外已有的相似研究范式和经验，结合社会学、经济学、心理学、管理学和统计学等相关学科知识，对本研究内容进行跨学科交叉研究，以形成一个统一的整体。

第二章 理论基础

在本书研究中，我们以社会交换理论、资源保存理论、知识管理理论、知识创造理论、社会资本理论等为基础开展组织信任对员工创造力的各项分析。这些基础理论相对成熟，为本书后续开展的研究和分析提供理论基础。

一、社会交换理论

员工-组织关系研究，尤其是基于社会交换理论的员工-组织关系研究，是目前学术界的重点和趋势。社会交换理论是主要研究人与人之间的互动，认为人与人之间所有接触都以给予和回报等为基础，而社会行为交换的核心是互惠原则，交换双方都是在追求投入-产出的相对平等。学者也越来越多地采用社会交换理论和互惠原则作为理解个人和组织关系的理论基础。近些年来，更多的组织研究者认为员工-组织关系的实质是员工努力和忠诚与组织提供的物质和社会经济利益的交换。

（一）社会交换理论的兴起

社会交换理论（Social Exchange Theory）兴起于20世纪50年代美国，60年代得到进一步发展，是当代社会学理论的一个重要分支。由乔治·霍曼斯（George C. Homans，1974）最早提出，该理论的主要代表人物有美国的布劳（Peter M. Blau）、科尔曼（James S. Coleman）、埃默森（R. Emerson）等。思想渊源主要包括以斯金纳（Burrbus Frederick Skinner）的行为主义心理学中的“刺激-反应”思想。斯金纳在对动物的实验研究中发现：“当一个操作（行为）与一个强化刺激的表象相伴随，这一操作(行为)的力量就会提高。”也就是说，某一行为如果受到强化，其发生的频率就会增加，随着某一行为受到某种特殊强化的次数增多，这种强化物的强化价值将大大降低，而如果受到强化的行为不再得到强化，行为就会停止或消失。结合行为主义心理学与对经济学中理性“经济人”的质疑，霍曼斯指出：人们并不总是追求最大利润，他们只是想在交换关系中得到某些利润，同时，人在交换中并非常常从长远着想或进行理性算计，而且，交换物不仅仅是金钱，还有赞同、尊重、依从、爱、情感，以及其他紧缺物质产品。此外，所有的人类行为都是交换行为，而并不是市场中才有的交换行为。因此，人类行为与动物行为存在类似规律，唯一不同的是，动物与实验者之间的关系是单向的，而人类行为却是双向的，存在相互的酬赏或惩罚，是一种“社会交换”。

英国经济学家亚当·斯密对于市场经济交换进行了系统研究，认为交换是古往今来一切民族、一切社会中存在的普遍现象。人类行为的基本规律或者说“人类的本性”是彼此都渴望从交换中获得报酬。因此，只有当双方都能够从中获得利益时，交易和交换才会发生。这种对人性的功利主义假设在社会交换理论这里得到了继承和拓展。

埃默森(1972)结合行为主义心理学和基于交换过程的形式社会学，主张社会交换的研究单位应该是交换过程中形成的人与人之间的关系，即“交换关系形态”，而非交换者本身。物质和经济交换与心理社会交换之间并无本质区别，只是经济理论与社会理论采用的分析方式有别：经济交换理论把每一次交易和交换看作是独立的，它对之前的交易和以后的交易不存在任何影响，因而也就把交换伙伴之间的信任、信誉、义务、承诺和人际依恋等排除在研究范围之外。社会交换理论认为，无论经济上或心理上的交换或交易，双方不可能相互独立，相反还会形成长期和稳定的关系，这种关系会影响到社会交换的过程。经济交换属于社会交换的范畴，遵循一切社会交换规律和规则。在埃默森的理论体系中，交换关系是发生在两个或两个以上的行动者之间，各方为得到对方资源而形成的特定关系。交换关系必须持续一段时间才具有社会心理学意义。

（二）社会交换的原则

彼得·迈克尔·布劳（Peter M. Blau，1988）以微观个体结构和简单交换过程为出发点，对宏观组织结构和复杂交换过程进行了梳理，将社会交换归之于社会结构的制约与社会规范的引导：社会交换是一种包括未细化的未来的责任关系，当一方给予另一方帮助或恩惠时，给予方就会期望在将来得到回报。而将来的回报是建立在一方相信另一方必定会在长期内公平地回报他的基础之上的。

对于社会交换，布劳还提出了五项基本原则：（1）理性原则（Rationality Principle）。由于交换是一种以期待回报和换取回报为目的的行动，因此参与交换过程的行动者与精于计算的"理性经济人"模型有类似之处，它们按照"行动=价值×可能性"的公式来进行各项行动。（2）互惠原则（Reciprocity Principle）。它包括两方面内容：一旦发生社会交换，受惠一方就必须承担和履行回报义务；一旦破坏和违反了互惠规范，交换过程也就自行中止，甚至会导致冲突。（3）公正原则（Justice Principle）。它是对既定的交换关系中报酬与代价的比例所作的社会规定，直接制约着人们报酬期待的程度。（4）边际效用原则（Marginal Utility Principle）。人们从事某一特定行为得到的报酬越多，则该行动的价值越小，并且他们越不可能从事此活动。（5）不均衡原则（Imbalance Principle）。在社会单位中，某些交换关系越是稳定和均衡，其他交换关系就越可能变得不均衡和不稳定。

（三）组织内的社会交换

社会交往的过程源于成员之间的吸引，互通有无、互往互利会吸引人们一直来往。因此，组织中人际关系越和谐、信任感越强，个体就越倾向于与同事交换知识。此外，交换理论认为，人们在社会交换中既有物质方面的交换，也有非物质方面的交换。王文（2011）认为组织内部的社会交换主要包括以下两种形式：一是成员与其所在组织之间的交换，这种交换大多具有"生产性交换"的性质，其特点是成员必须首先为组织创造某种价值，然后才能得到报酬。这就使得组织成员的投入与产出之间不可避免地存在一定时间间隔，体现了成员所获得报酬对于其先期投入的依赖性。二是组织内部成员之间的交换，它不是一种单纯的二人交换，而是具有自身的某些特点，在组织和群体情境中的任何一次交换，都要考虑交换成员双方之外的其他成员、组织因素和群体因素对交换的影响。在组织和群体内部，通常存在一些共同的规则、认知、价值观和态度定向，它们会制约组织内部社会交换的模式。

二、资源保存理论

(一)资源保存理论的兴起

资源保存(Conservation of Resources，COR)理论由美国心理学家 Hobfoll (1989)提出的压力资源守恒模型演变发展而来(宋琦，2016)。依据 Hobfoll 的观点，人们拥有一些有价值的资源，并且希望得到保护和保存。因此人们为了实现一定的目标，总是试图保存已有的资源并渴望得到更多的资源。而当资源受到威胁或失去及感觉会失去这些资源，或者进行了投入却没有收获时，就会出现心理压力。资源保存理论将资源分为四类，即个体特征性资源、物质性资源、能源性资源以及条件性资源。其中，个体特征性资源指个体的人格特征，如心理资本、自我效能感和自尊等；物质性资源指决定个体社会经济地位的资源，如汽车、住房和劳动工具等；能源性资源指有助于个体获取其他资源的资源，如时间、金钱与知识等；条件性资源指能够为个体获取关键性资源创造条件的资源，如朋友、婚姻和权力等。并且资源并非独立存在，而是社会、个人和其他资源共同组成的资源束(Stamper & Masterson，2002；Hobfoll，2011)。个体依据其资源束产生不同的资源感知，进而进行行为选择。

资源保存理论还指出，在人类的进化史中，重要资源的流失将意味着对组织和个人的威胁。因此，保护和积累重要资源成为了人们主要的心理动机。当发现重要的资源正在损耗或者面临损耗的威胁时，个体就会产生并感知到压力，进而他们会付出更多的努力去获得外部资源以替换或补充流逝的重要资源。资源保存理论认为，人的行为或多或少都带有功利性，人们总在不断地获得资源，保存资源，并用它们去获得更多的资源。其理论的核心是"失去"，在人身上发生的许多事情本身并不会带来压力，只有涉及"失去"时，才会给人带来压力。人们可以通过很多种途径抵消"失去"，主要方式有代替、重新评估情境与转移注意力等。资源保存理论蕴含了四个基本原则：

第一，资源损失首要性原则。即就资源的影响力而言，资源损失比资源获取对个体的影响更为重要。

第二，资源投资原则。即个体为防止资源损失或为从资源损失中恢复，会不断地去获取资源，进行资源的投资和开发。

第三，资源损失螺旋原则。即缺乏资源的个体不但更易遭受资源损失带来的压力，而且这种压力的存在还致使防止资源损失的资源投入入不敷出，从而加速资源损失。

第四，资源获取螺旋原则。即拥有资源较多的个体比资源拥有较少的个体更可能寻找机会、承担风险，为获取更多的资源而投入资源。

（二）资源保存的相关推论

曹霞、瞿皎姣（2014）指出资源保存理论还产生了以下三个相互关联的推论：一是资源损耗的首要性（primacy of resource loss）。因为对个体而言，越珍贵的资源获得难度越大，对其损耗就越敏感。所以，个体对自有资源的保护意识强于对多余资源的获取意识。当面临资源损失时，个体会倾向于首先采取行动防止资源的继续丧失，以减少损失。二是资源获取的次要性（secondary importance of resource gain）。尽管获取多余资源的重要性不及保护珍贵资源，但拥有更多资源不仅可以降低其他资源损失的风险，而且资源本身也可以创造获取其他珍贵资源的机会。因此，当不存在较大压力时，人们就会努力积攒资源，培育增值螺旋。三是创造资源盈余。个体总会试图利用机会创造资源盈余，以抵御未来可能面临的资源损失。现实中，个体总是承载多重角色，而资源总是稀缺且分布不均的。为了增加资源存量，个体会竭力避免损失螺旋、培育增值螺旋，并更愿意将资源投入那些回报率高或风险小的角色行为中。因此，个体会事先对多重角色进行认知性评估，以此决定降低或放弃什么角色，投资什么角色。

（三）资源保存理论的应用

最初，资源保存理论主要应用于积极心理学研究，研究者发现心理幸福感作为一种积极的情绪资源能帮助个体更好地处理工作和生活的各种需求问题，弥补资源损耗。

近年来，将资源保存理论应用于工作中的研究也越来越多，如工作-家庭冲突、情绪耗竭、工作倦怠、组织公民行为和建言行为等研究领域（阳毅，冷天祺，2019）。Halbesleben 和 Wheeler（2011）应用资源保存理论分析了雇员积极助人行为。Hobfoll（2018）分析了组织承诺、心理健康等因素如何影响雇员的工作绩效，检验了资源保存理论。有学者运用资源保存理论来解释心理资本与离职意愿的关系，研究结果显示，心理资本越高的员工，缓解压力的能力就越强，离职意愿也越低（高中华等，2012）。同时，心理资本作为一种个体自有的积极心理资源，能够为创新行为的表现提供强大的心理资源，激发创新行为（王雁飞等，2019）。有学者还从工作需求的视角出发，重点关注资源保存理论对工作需求所导致的资源消耗的内在原因并对此进行剖析，发现倘若员工感到他们缺乏足够的资源（个性特征、社会关系等）来满足工作的要求时，会产生情绪耗竭（Lee & Ashforth，1996），进而影响到工作绩效（Barnetta et al.，2012）。倘若工作资源供给能给员工带来资源增值，则能缓解员工压力、改善工作态度（曹霞，瞿皎姣，2014）。此外，个体心理价值观可以影响一个人的资源评价，这种评价类型则可以影响个体对压力源的反应。

（四）资源保存理论与知识分享

资源保存理论的基本原则是人们努力保护和获取有价值的资源，并且这些宝贵资源的潜在或实际损失对他们构成威胁（阳毅，冷天祺，2019）。资源是有限的，所以个人会根据自己独特的资源感知进行行为选择，当个人处于团队或组织中，就必须投入资源来防止现有资源的流失或者获取新的资源，因此会进行资源投资活动。并且资源保存理论指出，资源损失和资源收益都是个人资源活动的重要决定因素，并且个人更关注损失感知。个人拥有的多种资源，共同构成个人独特的资源束，因此个人的资源束存在差异，而拥有优势资源束的个体，常常处于资源投资的优势地位，更不容易损失资源并且可以通过有效的资源投资形成收益螺旋，获得积极的长期收益。Brummelhuis(2011)利用损失和收益螺旋分析了积极的动机资源如何打破原有的倦怠状态，帮助雇员获得积极的结果。因此最初资源束的劣势并不意味着长期的失利，个人资源束可以通过投资而改变，有效的资源投资往往能扭转最初资源束不足的局面。传统研究中对于知识分享的解释多立足于社会交换理论、社会资本理论、动机理论和资源保存理论。依据社会交换理论，知识分享通常被定义为雇员间的知识、经验、技巧的交换；依据社会资本理论，企业作为一个共同体包含着多种资本(张庆红，仝嫦哲，2016)，知识资本也是其中一部分，并处于不断的创造分享和转移之中；依据动机理论，知识分享被看作雇员个体为达成一定目的的行为；依据资源保存理论，知识是一种重要的个人资源，是个人资源束的重要组成部分，知识分享是个人为了获得更有价值的资源或减少资源的损失，利用知识资源进行的投资。

三、知识管理理论

(一)知识管理的内涵

知识管理是指在组织中构建一个量化与质化的知识系统，让组织中的资讯与知识，透过获得、创造、分享、整合、记录、存取、更新、创新等过程，不断地回馈到知识系统内，形成永不间断的累积个人与组织的知识成为组织智慧的循环(葛新红，黄斯涵，2014)。在企业组织中成为管理与应用的智慧资本，有助于企业作出正确的决策，以适应市场的变迁。简而言之，知识管理是对知识、知识创造过程和知识的应用进行规划和管理的活动。

21世纪企业的成功越来越依赖于企业所拥有知识的质量，利用企业所拥有的知识为企业创造竞争优势和持续竞争优势对企业来说始终是一个挑战。一方面，知识经济的到来促进了知识管理理论与实践的发展。知识经济使人们从知识的角度去考虑近几年出现的各种管理思想，这不仅使人们对知识的关注空前增强，而且使人们对知识管理的认识逐渐加深。可以说，是知识经济催生了知识管理的一系列理论与方法，并极大地促进着这些理论与方法进一步发展，使人们对知识的管理水平达到一个新的阶段(张昕光，2005)。另一方面，知识管理成为各类组织迎接知识经济的力量源泉。知识管理的目的是使知识更好地在经济生活中发挥作用和创造价值，随着研究与实践的不断展开，组织、个人乃至整个社会将在实施知识管理的过程中越发深刻地体会到知识在经济发展中的作用，越发熟练而又巧妙地运用知识，从而充分发挥知识对经济的促进作用。因此，知识管理将作为组织和个人迎接知识经济的手段，渗透到社会的各个层面。

(二)知识管理的特征

在管理理念上，知识管理主要体现以人为本的管理思想，人力资源管理成为知识管理的核心。在管理对象上，知识管理以无形资产管理为主要对象，比以往任何管理形式都更加强调知识资产的重要性。在管理内容上，要遵循“知识积累—创造—应用—形成知识平台—再积累—再创造—再应用—形成新的知识平台”的循环过程。在范围及重点上，知识管理包括显性知识管理和隐性知识管理，但以隐性知识管理为重点，并注重显性知识与隐性知识之间的共享与转换。在目标和策略上，以知识管理创新为直接目标，以建立知识创新平台为基本策略，智力性和创新性是知识管理的标志性特点。在组织结构上，与以往其他管理形式所采取的金字塔式的等级模式不同，知识管理采取开放的、扁平式管理的学习型组织模式。

(三)知识管理的原则

知识管理要遵循以下三条原则：一是知识积累原则，知识积累是实施知识的管理基础；二是知识共享原则，是指一个组织内部的信息和知识要尽可能公开，使每一个员工都能接触和使用公司的知识和信息；三是知识交流原则，知识管理的核心就是要在公司内部建立一个有利于交流的组织结构和文化气氛，使员工之间的交流毫无障碍。三个原则中，知识积累原则是实施知识的管理基础；知识共享原则是使组织的每个成员都能接触和使用公司的知识和信息；知识交流原则则是使知识体现其价值的关键环节，它在知识管理的三个原则中处于最高层次。

按照上述原则进行知识管理，首先就要明确知识管理涉及组织的所有层面和所有部门，一个组织要进行有效的知识管理，关键在于建立起系统的知识管理组织体系。这一体系所实现的功能主要包括以下几个方面：组织能够清楚地了解它已有什么样的知识和需要什么样的知识；组织知识一定要能够及时传递给那些日常工作中需要它们的人；不断生产新知识，并要使整个组织的人能够获取它们；对可靠的、有生命力的知识的引入进行控制；对组织知识进行定期的检测和合法化；通过企业文化的建立和激励措施使知识管理更容易进行。

(四)知识管理的作用

近年来，随着商业环境和技术环境的深刻变革，越来越多的企业管理者和研究者开始关注知识资源对企业获取战略优势的重要意义。在我国知识管理实践已经从最初的“认知级”阶段，发展为“重用级”阶段，知识管理已经成为我国企业界的共识(谢荷锋，2007)。另外，知识管理的模式也逐渐从最初的以“技术”管理为核心的模式过渡到以“人”的管理为核心的模式。

知识经济时代，知识管理作为一种现代化的管理手段和方法，对组织的发展具有重要作用(张昕光，2005)。首先，知识管理是企业创新的必由之路。因为对于企业而言，要实现创新，必须有知识的积累和创造。如果没有知识的交流与共享，要实现创新是不可能的。知识管理要求在企业内进行知识交流与共享责任，培养员工树立起知识交流与共享的意识，使大家逐渐自觉地、主动地参与到知识的交流与共享之中。知识的交流与共享把存在于人脑中的难以编码化的知识联系起来，从而更容易产生创意并保证创意的执行与推进，促使企业创新活动的不断进行。其次，知识管理是组织提升核心竞争力的基础性工作。

在知识经济时代，组织核心竞争力的培养是组织得以生存和发展的最关键因素。组织竞争的成功不是转瞬即逝的产品开发战略经营的结果，而是组织核心竞争能力发挥作用的结果。因此，管理者的任务是加强知识管理，建立学习型组织，提升组织员工的学习能力，使其不断进行知识创新，适应外部环境的快速变化，让组织具有独特的竞争能力。最后，知识管理是组织有效、正确决策的基础。知识管理的一个重要的内容就是要明确企业在一定时期内所需要的知识以及开发的方式与途径，贯彻相应的知识开发和利用战略，从而保证企业知识的生产以及知识资源的积累和扩大与企业产品或服务及其生产过程和管理过程紧密联系在一起。组织通过建立知识管理系统，可以把组织知识存储在知识库、案例库和流程库中。一方面，在工作需要某一方面的相关知识时，员工可以通过检索、数据挖掘、知识网格等信息手段获取到自己所需要的知识；另一方面，可通过知识推送系统，在恰当的时间，把恰当的知识推送给恰当的岗位和人，以辅助决策。

四、知识创造理论

(一)知识创造的SECI模型

2017年3月，创新与知识管理峰会(IKM)在北京清华大学召开，会议主旨演讲重量级嘉宾是全球著名的知识管理大师——野中郁次郎(Ikujiro Nonaka)教授。野中教授被誉为“知识管理之父”，其知识创造的SECI模型为企业揭示了知识创造过程中的规律。SECI模型的最初原型是野中郁次郎(Ikujiro Nonaka)和竹内弘高(Hirotaka Takeuchi)于1995年在他们合作的《创新求胜》(*The Knowledge-Creating Company*)一书中提出的，并对知识创新的知识场以及知识创新的结果与支撑进行了全面论述。该模型针对日本企业中的知识管理架构而提出的独特见解，对知识创造和知识管理提出了一个新颖的认识。SECI模型存在一个基本的前提，即不管是人的学习成长，还是知识的创新，都是处在社会交往的群体与情境中来实现和完成的。而企业知识则包含为隐性知识和显性知识两类。所谓隐性知识包括信仰、隐喻、直觉、思维模式和所谓的“诀窍”，而显性知识则可以用规范化和系统化的语言进行传播，又称为可文本化的知识。

SECI 模型主要阐述了知识创造的四个阶段：

第一阶段——社会化(socialization)，指的是个人间分享隐性知识的过程，主要通过观察、模仿和亲身实践等形式使隐性知识得以传递。社会化过程是隐性知识转化为隐性知识的过程。师传徒受就是个人间分享隐性知识的典型形式。由于新知识往往起源于个人，因此社会化是知识创造和传播的起点，是一种潜移默化的过程。

第二阶段——外在化(externalization)，指的是对隐性知识的明晰表述，将其转化成别人容易理解的形式，使隐性知识转化为显性知识。这个过程在传统上主要依赖于类比、隐喻和假设，通过倾听以及深度会谈(dialogue)等方式，借此推动隐性知识向显性知识的转化。

第三阶段——组合化（combination)，这是一种知识扩散的过程，通常是一种将零碎的显性知识进一步系统化的过程，即显性知识转化到显性知识的过程。也就是将这些零碎的知识组合起来，并用专业语言表述出来，形成标准化格式化的文件，最后完成知识结合化的过程。通过结合化，个人知识不断上升成为组织知识，进而能更方便地为组织成员所共享，即汇总组合。

第四阶段——内隐化（internalization)，内部升华指的是知识螺旋的最后一个阶段，是显性知识转化为组织中其他成员的隐性知识。是由结合化产生的组织的显性知识被成员吸收学习之后，形成的各个成员的隐性知识，组织成员再把形成的隐性知识应用到实际工作之中，属于内部升华。

可见，在知识创造的 SECI 模型中，包括从隐性知识到隐性知识的社会化、从隐性知识到显性知识的外显化、从显性知识到显性知识的组合化、从显性知识到隐性知识的内隐化四个重要过程。它始于隐性知识，通过个体、团队、组织和环境相互作用，创造新知，秉行创新。四种知识转化模式，都是组织知识创造过程中不可或缺的组成部分。通过 SECI 每一轮的知识转化，最终结果都是提升组织创造新知的层次，并且可以周而复始，实现螺旋式上升。知识创造的螺旋从个体出发，从团队到组织，从部门到企业，不断拓展，不断弥散，不断扩大。认为组织的知识创造程序是一种动态、连续的过程且为螺旋状，逐步由组织多层网络中的个人、群体扩散到组织内和组织间进行交流、扩散知识的活动组合。在此知识创造的过程中，成员通过类似学习的转换过程，将镶嵌性知识体现在产品、服务以及组织系统规划等具体能力上。

(二)SECI的知识创造场

在实现隐性知识与显性知识相互转化的SECI模型的"社会化(socialization)、外在化(externalization)、组合化(combination)、内隐化(internalization)"的过程中，完成一次螺旋上升的每一个阶段都有一个"场"(Ba)存在(吴庆海，2017)。各个过程中的场分别为：创始场、对话场、整合场、练习场。每个场分别提供一个场所基地，以利于进行各个阶段的知识转化，并使知识的创造加速进展。将四个场的知识转化过程前后加以连贯，就构成一系列不断自我超越的进程，同时也随之显现了知识转化的螺旋式演进情况。

首先是知识社会化的创始场。创始场是知识创造过程中的起点，是个体分享感觉、情绪、经验与心智模型的场所，隐性知识向隐性知识转化的社会化过程，就发生在创始场。我爱故我在，因此创始场所展现出的关怀、爱心、信任与承诺，与个体之间惺惺相惜，对隐性知识的移转与转化十分重要。其次是知识外在化的对话场。对话场是个人的心智模型、诀窍转换成概念的地方。成员以开放的态度，彼此充分对话，交换表达想法，同时对自身的想法加以反思及分析，使得隐性知识转变为显性知识，以便创造新知识及价值。再次是知识组合化的整合场。整合场是指将显性知识进行组合的场所，不同的资讯与知识组合，产生更新的显性知识，并使之系统化。可以充分利用虚拟世界而非实体时空来进行互动。在线资讯、文档管理、数据库、E-Learning等都可以强化显性知识转化的过程。最后是知识内隐化的练习场。练习场是可以促使显性知识转换成为隐性知识的场所。在资深教师与同事的指导下，以观摩或实际演练等方式不断进行练习，而非只坐着听教师讲授、分析，且能够应用实际生活中或模拟的显性知识，并持续将这些知识内隐化。

上述四种场各自的不同特征将有助于新知识的创造。在每个场之内所产生的知识，终将成为组织的知识而让大家共同来分享。这些场具有动态性，能将隐性知识转化成显性知识，然后再将显性知识转化成隐性知识，并借此一周期循环而持续地创造新知识。

五、社会资本理论

20世纪90年代起，社会资本理论引起了学术界的广泛关注。其理论始终是与“社会网络”“社会关系”“工具性行动”“社会资源”等关键词汇紧密联系在一起的。社会资本概念的发展与社会网络是密不可分的(王文彬，2006)。社会学家科尔曼认为，社会资本是与物质资本及人力资本并存的资本。与物质资本及人力资本相比，社会资本因为源于各种社会关系，更不具形，所以更容易为人们所忽视。但事实上，如果人们关注社会资本，并能对社会资本有意识地进行投资，就能够显著地提高自己的资源配置能力，降低交易费用。

(一)社会资本的内涵

科尔曼、布劳、格兰诺维特、林南等学者在论述社会网络的时候，在对“信息流动”“嵌入性”“社会资源”等进行概念定义和理论论述的过程中，演化出了社会资本的概念和内涵(王文彬，2006)。按照讨论的层次，学者们(刘敏，矣平清，2003)归纳总结了三类不同层次的社会资本。第一类为微观层次的社会资本，也就是个人联系，是个体获取资源的人际关系网络，是“个人为了在工具性行动或情感性行动中获得嵌入在社会网络中的社会资源而在市场中进行的具有预期收入的投资”，是和个人通过其社会关系、社会连接以及社会网络来获取资源能力相联系的。换言之，社会资本在这里是与个人的行为——无论是工具性行动还是情感表达性行动——紧密相连的。第二类为中观层次的社会资本，以科尔曼、特纳等人为代表，强调社会资本的结构性质、公共产品性质和经济功能。中观层次的社会资本是和社会结构、社会组织等概念联系在一起的。第三类为宏观层次的社会资本，以普特南为首的学者把社会资本和集体行动、社会政策、经济发展等放在一起来理解分析。表现为信任、网络和规范，它们通过协调与合作来提高社会效率，是解决集体行动困境的重要基础。

这三类定义层次的划分体现在研究领域上就导致了不同侧重的研究取向。但是，无论是关注社会资本与文化、制度，还是分析社会资本与组织、规范、信任，抑或是研究社会资本与社会网络、社会关系等，社会资本都离不开个体的连接、关系、网络等，因为社会资本的意义就是体现在它们的互动当中的，而这些互动的具体体现就是个体的行为或者行动。如果我们关注这些行为的发生过程和决策过程的话，那么我们就会发现，社会资本与个人选择行为之间从本质上就是存在着一定的联系的。

(二)帕特南的社会资本理论

社会资本理论是商业、经济、组织行为、政治学和社会学中的一个核心概念，它是指个人在社会关系结构中的地位创造的优势。社会资本理论的核心思想是社会网络是有价值的。它解释了一些人能获得更大的成功是因为他们在某些特别的方面与其他人有出色的社会联系。社会资本理论的创始人帕特南(Putnam)把社会资本看成是解决集体行动困境的重要基础。社会资本表现于信任、网络和规范，它们通过协调与合作来提高社会效率。比如个人在一个具有丰富社会存量的社群内生活和工作会更容易。社团、公民参与与建立一个好政府密切相关。没有公民精神，公民对公共事务漠不关心，是政府效率低下、贫困和衰败的原因。Portes 和 Sensen Brenner(1993)认为"社会资本"是指社会关系对交易的影响，它表现为信任、互相帮忙等行为，并用社会资本理论来解释关于移民社区的研究的广泛影响。"社会资本产生于个体成员对集体期望的服从(一致)"。帕特南基于宏观角度来理解社会资本，从如何提高政府制度绩效并更好地实现民主这一问题入手，展开对问题的探索，最终得出社会资本与制度绩效和民主政治有着密切关系，认为社会资本具有自我积累和扩张的特点，能够形成良性循环和恶性循环，从而形成社会的均衡状态。如果能够把握这些规律，就能够创造和积累更多的社会资本，从而为社会的良性运行创造有利的条件(杨东柱，2017)。可见，社会资本理论具有普遍的适用性，对于经济问题、政治问题、社会问题等都有很强的解释力。

(三)林南的社会资本理论

美籍华裔社会学家林南提出的社会资本理论指出，镶嵌在个人社会网络中的社会资本，如权力、财富和声望，并不为个人所直接占有，而是通过个体社会关系来获取的。个体社会网络的异质性、网络成员的社会地位、个体与网络成员的关系力量决定着个体拥有的社会资源的数量和质量。

林南把资源分成个人资源和社会资源，并把研究的重点放在如何利用社会网络关系去动员并摄取、借用这些社会资源，因为社会资源本身是不为个人所直接占有的，是存在于人与人的社会网络交往关系中的。社会资本作为一个关系的财产，必须与集体财产和物品，如文化、规范、信任等分开。在社会中，作为个体，如果有机会，所有人都会采取行动去维持和获得有价值的资源，以增加他们的自我利益。维持和获得有价值的资源是行动的两个主要动机，前者比后者更重要(方莉琳，2012)。然而资源的可获取性和控制方面呈现金字塔状，因此靠近结构上部的位置对有价值资源具有更大的可获取性和控制力。而且在一个资源维度上具有相对高地位的位置占据者，往往也在另一个资源维度上占据相对高的位置。在林南的理论中，社会成员之间的活动更容易在相似的与邻近的等级制层级的个体之中发生。个体的行动具有两个主要的动机：保护既有的有价值资源和获得额外的资源。维持既有价值资源的动机促进了表达性行动。表达性行动在过程中更期待共鸣，因此多发生在同质群体中。相对应的，寻找和获得额外有价值资源的动机主要唤起的是工具性行动。工具性行动期待信息的沟通，因此倾向于异质群体之间的沟通。个体社会网络的异质性、网络成员的社会地位、个体与网络成员的关系力量决定着个体所拥有的社会资源的数量和质量。在此基础上，林南提出了连接社会资本与行动理论的七个命题，主要观点是人们的社会地位越高，摄取社会资源的机会越多，同时一个人的社会网络的异质性越大，通过弱关系摄取社会资源的几率就越高，人们的社会资源越丰富，工具性行动的结果越理想。

社会资本与一个群体成员的身份联系在一起。特定行为者占有社会资本的大小，取决于他可以有效地利用的社会网络规模的大小，或者与他有联系的每个人依其身份所占有资本的大小。社会资本与金融资本、物质资本和人力资本相同，但它体现在人与人的关系中。社会资本不是单一的主体，而是包括两个实体以上且有共同要素的多个实体，它包括社会结构的一些方面，能利于社会结构行动者的某些行为。

(四)社会资本与信任

信任这一社会资本的关键形式，是建立和维持大型网络的"胶水"。它和我们在网络中积累的知识技术是不同的。信任是如何促使大型人力网络形成的呢？信任有没有可能是网络的结果而非成因呢？用福山的话来说，"一些社会在交易成本上能够节省很多，因为经济个体在他们的互动中相互信任，所以此类社会会比信任程度低的社会更有效率。信任程度低的社会需要非常详细的合约和强制机制"。因社会资本方面的著作而闻名的社会学家詹姆斯·科尔曼也强调了信任对减少交易成本的重要性。在对社会资本的研究中，科尔曼描述了犹太钻石商在纽约的交易，他们有着在正式交易之前让其他商人私下看货的传统。他认为，信任和有助于加强信任的家庭、熟人社交关系网对交易的成功非常关键。如果没有信任，这些简单的交易很快就会变得昂贵，因为需要花费金钱和时间来建立合同、保险和强制程序。

因此，信任和社交关系网使得除正式机构之外的选择变得可能。信任提供了一种非合约性的、非正式的但极高效的机制来阻止不正当行为，使一些本来风险很高的商业交易能够实现。事实上，当信任存在时，比起正式机构，信任更有效率地建立了经济网络的渠道，因为它没有昂贵文书和强制程序的负担。所以，信任通过降低每一个环节之间的成本，使更庞大的，可以累积更多知识的人的社会网络得以成形。

按照社会资本理论，企业的社会资本就是各利益相关者对企业的信任以及基于这种信任形成的关系网。企业诚实守信的过程可以看作企业对社会资本的"储蓄"过程，通过获得员工、顾客、供应商、经销商、政府部门、社区、非政府组织、新闻媒体等各利益相关者的信任，企业不断地积累社会资本，以期在未来的某个时期，这种对社会资本的“储蓄”可以连本带利都收回来。作为社会资本的核心要义，信任、互惠、规范以及参与网络是政府和公众沟通及联系的关键，这些要素结合形成的力量能够提高社会的凝聚力，有助于实现治理主体和权力来源的多样化。社会资本对社会信任的积极作用在于它能够催生信任规范、传递信任。其内在机制是，社会网络能够促进信息流动和拉长人与人之间的博弈链。社会资本对社会信任的消极作用表现为，它有可能限制成员的“信任范围”，并且不良的社会资本会对整个社会的信任产生消极影响。

第三章　文献综述

本部章主要对组织信任与员工创新行为关系问题进行文献梳理，主要包括对组织信任、知识分享、组织学习和员工创新行为的研究成果进行回顾和分析，为本书进一步开展后期研究打好充分的文献基础。

一、组织信任

自20世纪90年代中后期起，组织信任在沟通、协调、领导、目标管理、绩效评估、员工关系管理、自我管理团队的实施等管理领域引起了广泛的关注，组织信任由此得到越来越多的学者的青睐。Luhmann(1979)将信任区分为人际信任(personal trust)和系统信任(system trust)。系统信任和人际信任的差异在于，系统信任的信任对象与个人特质无关，但与系统的运作机制有关，并且假定所有交换关系的各方会遵守特定的规范。细分来看，人际信任指人与人之间因互动所产生的信任关系，这种信任常发生于朋友、同事和夫妻之间，通常来自于日常生活中个人接触的经验，并以被信任者的个人特性是否可信为基础。系统信任的基础则来自于社会各种系统(例如司法、政治、经济和企业组织等)的沟通媒介(例如货币、法律和权力)能够不被滥用，并且能持续发挥功能。西方学术界关于信任内涵的理解主要有三条路径(张连德，2017)，其中心理学家比较倾向于从个体的心理或人格特质去研究信任；社会心理学家更关注人际的关系信任；社会学家则重视社会结构、文化和制度等宏观因素对信任的影响。如巴尼等人将经济交往过程中的信任类型分为弱信任、中度信任和强信任三种类型。舍帕德等人则将经济交往过程中的信任类型分为防范型信任、了解型信任和认同型信任三种类型。祖克尔则从信任产生基础的角度将信任分为基于声誉的信任、基于社会同质性的信任和基于制度的信任三种类型：一是基于声誉的信任，即人们是否信任他人是建立在对该人以往声誉认知的基础之上的，一般说来，具有良好声誉的人更容易获得别人的信任。二是基于社会同质性的信任，即人们是否信任他人是由彼此之间是否具有相同或相似的阶层、教育背景、收入状况等因素来决定的。通常说来，信任双方社会同质性方面越多，越容易获得彼此的信任。三是基于制度的信任，即人们是否信任他人是由一个社会所制定或者认可的社会规章制度所决定的。一般来说，一个社会中的规章制度越公正合理，该社会中成员彼此间的信任感越高。

McCauley 和 Kuhnert（1992）提出组织信任包含水平信任和垂直信任。水平信任包含的是组织员工同级之间的信任关系，垂直信任则指员工与主管、高级管理者、整个组织之间的信任关系。Nyhan 和 Marlowe(1997)参考 Luhmann 对信任的分类，认为组织中的信任同样可以分为两个层面，人与人之间的信任关系即人际信任，它基于组织成员人际互动后对彼此的认识和了解；员工对组织整体的信任关系，即系统信任，是员工对组织整体的一种整体性的信任知觉，它常常基于员工对组织高层(组织的决策者)的决策和行动以及组织治理机制、激励制度所形成的整体印象。林钲琴(1996)提出了同级信任(同事之间的信任关系)、上级信任(员工与上级之间的人际信任关系)、组织信任(员工对组织整体非人际的信任关系)。通过对以往的研究进行归纳发现，对于组织信任的理解可以大致分为两个层面：

一是组织内部信任，即组织内部角色之间的信任，是以工作团队为基础的工作环境下共事成员之间的一种人际信任，是员工对组织的信心和感知的组织对员工的支持，包括员工对上司、员工对员工、上司对员工、员工对组织以及上司对组织的信任。其主要特点有：第一，组织内部信任的发生和存在具有一定的情感依赖性，且相互影响；第二，组织内信任一旦建立具有长期性，若遭到破坏，重构将比较漫长；第三，组织内部信任具有不对称性；第四，组织内部信任具有可管理性；第五，组织内部信任具有多维整合性，由于组织信任的双重特性(个人心理和组织性)，组织信任既包括情感信任维度，又包括认知信任维度，二者构成有机整体。

二是组织间信任，即企业与企业之间的信任，重点研究组织的信任倾向以及交易伙伴值得信任的特征等。组织的信任倾向关注组织内部成员对其交易伙伴即受信者集体持有的较为稳定的信任倾向。交易伙伴值得信赖的特征是指当施信者在感知到受信者的能力、善意和正直等值得信任的特征时，即使感知到风险的存在，仍然期望对方会做出对自己非常有益的行为。洪茹燕等(2019)认为，综观现有关于组织间信任内涵的研究，计算性视角和关系性视角构成了在组织间信任概念界定及其形成机制探讨上两个最为重要的研究视角。组织间信任是经济交换中由理性计算和情感因素或社会互动共同决定的一种独特的社会心理事实，不能仅从交易双方特征或理性评估的角度来进行分析，也不能只从整体层面把组织间信任作为一种社会控制机制或者动力机制来进行研究。由于本书关注的重点是组织内的信任，因此对组织间的信任不再进一步的展开。

(一)组织信任前因的研究

信任产生机制的研究一直是信任理论的热点区域。近年来出现的信任产生机制理论主要有四大类：人格理论、行为决策理论、制度化理论和“经济人”假设理论。关于组织信任的形成本身是一个复杂、变化的过程，组织内信任主体对于信任对象的社会态度建立在信任主体对组织成员、群体、组织制度积极的认知基础上，并经过多次事实验证为真，而得以强化的态度系统(刘颖，2007)。信任主体和信任客体会对组织信任形成不同影响：

信任主体，其本身的性格、价值观、经验等会影响其对组织的信任。Hofstede(1980)认为，在不同的发展经验、人格特质和文化背景下，人们的信任倾向都会不同。人生早期的人际信任经历，如人类本性的善恶观等，是在其成长过程中，通过与不同人的接触，使得一般性观念不断得到泛化和转移，逐步形成对其他人的某种固定预期模式，并在成年后转变为相对稳定的人格特质。大量的研究已经证明，人们在信任他人的一般倾向性上存在个体差异，有些人在大多数场合下都愿意信任他人，而有些人则恰恰相反，在大多数场合总认为他人是不可靠的。Mayer 等(1995)将这种人格特质称为信任倾向，它决定了在给定的背景下，个体对他人的信任程度。

信任客体，组织员工的特点、组织制度和政策、企业文化等会对组织信任有不同影响。首先，信任客体的个体特点的影响因素主要包括开放性（openness）、胜任力（competency）、行为一致性（consistency）、忠诚（loyalty）、正直（integrity）、责任感（concientiousness）等。Bulter（1991）研究发现个体的公平、正直、忠诚、坦诚、整体信任、接受性、可用性、承诺实现、能力、一致性、谨慎等特点会影响人际信任。管理者的能力、坦诚、诚实、关系、可靠和积极倾向会对组织信任产生重要影响（Ellis，1999；Mayer，Davis 1999；Mayer，Gavin，2005）。郑伯埙（1995）的研究表明，在华人企业组织里，上级对下级的信任中，下级的能力、忠诚以及与上级的关系等因素是形成信任的重要因素，而且忠诚可能是更重要的考量信任的因素。其次，就组织的制度和政策而言，组织的人力资源管理的政策及其执行程序也会影响员工对信任的知觉（Creed，Miles，1996）。一般而言，员工通过组织人力资源管理的政策及其具体的运作来了解自己是否被组织信任。所以，组织的奖惩、监督与控制、绩效管理的执行会促进或降低员工所感觉到的管理行为的可信度。当员工感觉到组织以信任的方式对待自己时，便会以信任的方式回报组织。同时，组织制度越透明，越有利于提升员工对组织的信任度（刘颖，2007）。制度的透明度能增加制度的系统性和连续性，使制度之间能够成为一个完整的、相互支持的系统，有利于减少政策制度的随意性，同时还利于强化制度的执行力，增强制度信任，从而提高组织总体信任度。曾贱吉等（2011）以湖南省十家大中型企业的 251 名员工为研究对象，对影响企业员工组织信任的因素进行了实证研究：组织公平、组织气候、组织政治知觉、变革型领导与企业员工组织信任均存在显著的相关关系，多元回归分析结果发现组织公平、变革型领导对企业员工组织信任具有显著的正面影响；组织政治知觉对企业员工组织信任具有显著的负面影响；组织气候、组织变革知觉对企业员工组织信任的影响不显著。朱永跃等（2014）基于 Gillespie 和 Dietz 建立的组织信任影响因素概念模型，将组织信任分为员工-组织信任、员工-上级信任和员工-同事信任等维度并提出相关理论假设，通过问卷调查和统计分析的实证检验发现组织领导和管理实践、组织文化和氛围、组织战略、组织结构、政策和实施、外部监管和社会声誉等因素对组织信任均有显著影响。

（二）组织信任结果的研究

除了研究对组织信任产生影响的因素以外，关于组织信任对组织员工的行为和绩效以及组织绩效等产生的影响等方面的研究也越来越多。

Fulmer 等（2012）研究表明企业中组织信任能够增强员工脆弱性接受意愿，从而能够提高员工承担行为风险的意愿。Sankowska（2013）就组织信任、知识转移、知识创造和创新之间的关系开展实证研究，通过对华沙证券交易所上市的波兰公司共进行了 202 项电话调查，发现组织信任是促进公司内部知识转移和创造的重要因素，知识创造部分中介组织信任与创新的关系，知识转移部分中介组织信任和知识创造之间的关系。雷妮（2016）就企业内的组织信任关系对组织学习过程具有重要的影响作用进行了研究，基于 388 份的企业调查问卷数据的实证表明，同事信任对组织学习过程整体影响效果最大，其中同事信任对组织学习过程中行动反思环节的促进作用最为显著；组织信任对组织学习过程具有较大促进影响；主管信任对组织学习过程具有部分正向影响。同时提出企业要提升组织学习能力，首先需积极构建良好的同事信任，相信同事的承诺和保证，困难时会及时援助，此外还需建立员工对组织的信任和对主管的信任。韩平等（2017）以我国企业员工为研究对象，收集了 329 份有效的调查问卷，检验了组织信任对工作压力的影响。研究结果表明，组织信任中的领导信任和同事信任与工作压力有关；领导信任与工作压力显著负相关；人际心理安全在同事信任和工作压力之间是完全中介效应作。杨烁和余凯（2019）以 428 名小学教师为样本，考察在学校情境下组织信任对教师知识共享的影响及其作用机制。回归分析结果表明，组织信任与教师知识共享存在显著正向相关，同时建议学校管理者可以从学校组织制度、领导风格、文化氛围等方面采取措施，提高教师组织信任度和心理安全感，为教师间的知识分享、经验交流等活动提供保障。

(三)研究评述

40多年来，众多学者从组织行为学、社会学、经济学、心理学等多个角度探讨了组织信任，一类是以信任主体为研究对象，探究信任主体建立信任的原因，考察信任主客体之间的互动关系，一般以纵向研究为主。还有一类是以信任客体的可信任性为研究对象，研究当信任客体具有什么特性时，可以得到信任主体的信任。目前该方面的研究较多，成果丰富。大多数的组织信任研究是在人际交往的层面上对组织信任进行研究，分析了组织信任的内容和维度，并且各个研究的结果并不一致，如 Mayer 和 Schoorman 认为信任应该包含被信任者的能力、善意和正直以及信任者本身的信任倾向性。McAllister 则认为信任内容应该包含对方的关切、能力、可靠性以及责任心。除了基于人际交往的信任外，组织信任还包括非个人关系的系统信任(Costigan et al.，1998)。因此员工对于整个组织的信任问题非常值得我们做进一步的研究。

二、知识分享

要研究知识分享，就有必要对知识进行简单的归纳和划分。什么是知识?认知心理学家布鲁姆认为，“知识是对具体事物和普遍原理的回忆，对方法和过程的回忆，或者是对一种模式、结构或框架的回忆”。信息加工心理学把知识划分为陈述性知识和程序性知识。前者是个体具有有意识的提取线索，能直接加以回忆和陈述知识。主要用来说明事物的性质、特征和状态，用于区别和辨别事物，回答世界是什么。后者指个体没有有意识的提取线索，只能借助某种作业形式间接推论其存在的知识。是一套办事的操作步骤，是关于“怎么办”的知识。哲学领域的知识包含显性知识和隐形知识，显性知识是指能用语言文字(数学公式、图表)等符号表达的知识。显性知识是规范的，陈述内容大多得到了科学的证实，容易被存储、理解、传递和分享。隐性知识包含只能意会不能言传的知识，本质是一种理解力、领会、把握经验、重组经验，以期实现对它的理智控制能力。

就知识分享而言，学者们也从不同的角度进行了定义。Davenport(1998)将知识分享定义为一种自愿的行为，并将之与报告相区别。报告是涉及基于某些规程的信息交换行为，而分享则暗示了个人的有意识的交换行为，即使该行为并非是被迫的。Connelly (2000)认为知识分享是个体与他人进行知识交换，或者对他人进行知识援助的行为集合。Helmastadter(2003)认为知识分享是通过法律、伦理标准、行为规范、习惯等共享框架，行为者之间进行的自愿的、以知识(包括经验、技能、诀窍)为主题的交互作用过程。Ipe (2003)认为，在组织环境下，个体之间的知识分享，就是知识源将其私有知识被其他人理解、吸收和使用的过程，“分享”概念的使用，意味着该行为至少是有意识的行为，同时暗示了知识源并未放弃知识的所有权，其结果是知识被知识源和接受方所共同占有。Hansen 和 Avital (2005)给出的定义是，个人自愿向(组织内或组织外)其他人提供个人独特经验和知识的行为。孙卫忠等(2005)认为知识分享是组织内个体或组织的知识通过各种手段使组织成员共知分享并经知识创新，实现组织的知识增值过程。孙红萍和刘向阳(2007)认为，知识分享是知识从个体拥有向群体拥有的转变过程。谢荷锋(2007)总结已有的研究，得出知识分享有广义和狭义之分。前者是指为缩小人类个体或组织间的知识差距，而进行的所有活动和过程，包括知识传播、知识扩散和知识转移。后者是指在特定环境如组织环境下，个人将私有知识有意识地暴露给他人，以达到知识被他人所拥有并被利用的目标，并且根据含义得出知识分享的五个基本特征：个体行为；自愿的、有意识的行为；受到特定环境，如法律、伦理标准、行为规范、习惯和个体关系等的控制和影响；具有资源交换行为方面的特征；结果是知识所有权被分享双方所共同占有。

本书所关注的知识，既包含显性知识，也包含隐形知识，但是主要聚焦于个人在知识分享行为的表现，是指在组织内部，员工有意识地自愿向其所在企业内其他员工提供其个人私有知识的行为。

随着人类社会进入知识经济时代，知识已经成为企业发展的重要资源。与其他物质不一样，知识不会随着使用而被消耗，其作用只会随着传播和共享而不断变大，且具有边际成本不变，边际效益递增的特征。比尔·盖茨在《未来时速》中论述知识管理时强调了“知识共享”的重要性，提到“一家公司的高层经理们需要坚信知识共享的重要性，否则即使再努力掌握知识也会失败”。莲花公司的总裁库柏也说，“雇员之所以重要，不是因为他们已经掌握了某些秘密知识，而是因为他们彼此进行合作，共享知识”。但是，共享知识并不是大多数人出于本性的行为，相反，很多人是隐藏自己的知识，有时还抱着怀疑的态度看待别人的知识，甚至有些人还会抵制他人的知识。因此，如何真正实现通过知识的连续增长、广泛复制、创新增值、报酬递增来提升组织的总体价值是管理者应该重视的问题。

（一）知识分享前因的研究

影响知识分享的因素还比较多，目前在以下几个方面的研究相对较多：

1. 员工的个人特征

在员工的个人特征中，个体的吸收能力、性格特质、利他精神、自我效能等成为备受关注的影响知识分享的重要因素。研究发现，缺少吸收能力会造成知识共享困难（Huber，2001），员工的自我效能会通过影响员工主观规范的中介机制进而对其知识共享意愿和行为产生正向影响(Bocketal，2005)。沈其泰等(2004)则证实了成员性格特质在共享心智模式对知识共享的影响中具有调节效应，研究发现，当知识传递者具有高敬业性或高外向性特质时，共享心智模式对知识共享的效果特别显著。任伶(2019)结合实例探讨了在线开放创新社区的过程中的知识共享模式，对知识共享影响因素从个人、社区和平台三个层次进行了深入分析和探讨。

2. 环境因素

影响知识分享的环境因素按层次不同可以划分为组织环境与社会环境(史江涛，2007)。组织环境包括组织氛围、高层管理者态度等。组织氛围对知识共享的重要作用已得到相当高的共识。例如，Bock 等（2005)通过对管理人员的研究，发现组织氛围对知识共享意愿存在显著影响。Collins 和 Smith（2006）对一百多家科技企业的研究结果也表明组织氛围会促进员工知识的交换与整合能力的发展。在个人的知识共享意愿研究中被研究者们突出强调的几点组织氛围包括：信息的开放性、亲社会规范、个人对他人及组织的信任等。Zarraga 和 Bonache（2003）对西班牙多个公司自我管理团队成员的调查研究发现，组织氛围中的信任与帮助维度对知识分享有更大的影响，而组织氛围中移情性与判断中的仁慈度维度对知识创新的影响作用更大。Lin 和 Lee（2004）通过对随机抽取的 720 家中国台湾地区的大型企业进行调查，分析了影响高层管理者鼓励组织内知识共享行为的主要因素，发现高层管理者对知识共享的态度、主观规范及对知识共享行为控制感知影响着高层管理者对知识共享的鼓励意愿，进而影响了员工的知识共享行为。在知识共享研究领域中，被关注的组织影响因素还有组织制度与规范、组织回报机制等。Tung-Ching Lin 等（2012）基于关系模型理论，探讨了不同的关系模式对员工知识共享意愿的影响，结果发现共同分享和对等互惠对共享意愿的影响显著，而市场定价对员工共享意愿呈负向影响。此外，组织文化和激励机制也会影响知识共享行为。曹科岩和龙君伟（2009）发现官僚型文化对员工的知识分享行为有消极影响，而支持型、创新型文化则具有积极影响。王楠等（2019）通过 429 份有效数据分析探讨了虚拟社区奖励对用户隐性知识共享行为的影响及其作用机制，发现虚拟社区奖励与隐性知识共享存在倒 U 形的曲线关系，同时，愉悦感和自我效能在虚拟社区奖励与隐性知识共享之间起完全中介的作用。

社会环境中最受研究者关注的是社会文化对知识共享的影响，同时就不同社会文化对知识共享的影响进行了对比。例如，Chow、Deng 和 Ho（2000）通过对中、美管理者的分析发现，当共享行为不会威胁共享者个人利益时，两国人员的知识共享意愿并无显著差别；当知识共享行为有可能威胁到自身利益但却对组织利益有益时，中国人则显示出更强的共享意愿，即中国人更看重集体利益。Michailova 和 Hutchings（2006）比较了中国与俄罗斯的社会文化对个人知识共享行为的影响，他们发现两国都是纵向集体主义（vertical collectivism）文化，特殊社会关联（particularistic social relation）导致成员间存在强烈的社会联系，会方便内部成员间知识共享。其中，中国成员圈内的知识共享意愿比俄罗斯人更强烈，相比之下，中国人的知识共享是基于圈子利益意识，而俄罗斯人则是基于个人利益动机（知识共享的目的是为增强对团队的控制力）。金辉等

(2019)通过采集1182份有效数据，发现集体主义导向促进知识共享行为；知识的隐性程度和感知的知识个体所有权抑制知识共享行为；感知的知识价值与知识共享行为存在倒U形关系。陈奕延等(2020)分析了“师徒制”人才培养模式下知识共享敌意产生的原因，提出从社会决策视角入手，基于公平准则机制，将反映公平准则的均等模型、互惠模型及情绪模型作为三条克服“师徒制”人才培养模式下知识共享敌意的路径，并通过模型对降低知识共享敌意的过程进行了详尽分析。

3. 知识因素的研究

知识本身的性质也会影响员工知识共享行为。学者们从知识的隐性与显性来分析知识共享的研究发现：总体而言，隐性知识比显性知识更难以共享。因为“即使个人愿意表达，可能也无法清晰说明应该如何完成一个动作”(Bechky，2003)。知识的隐性使得编码、转移、复制程序、操作程序标准化都产生困难。Inkpen和Dinur（1998)验证了集体层次(团队与组织)的知识共享效果与知识的隐性程度负相关。Lu、Leung和Koch（2006)对管理人员的实证研究表明，组织对知识共享的支持会提高信息沟通技术的使用率，从而推动知识共享，而且较之隐性知识，这种影响对显性知识的作用更为显著。樊平军(2003)发现相对于显性知识而言，隐性知识分享更加不容易分享。姜文(2007)的研究指出组织内知识的很多障碍源于知识的隐含特征和分散性。刘琳和王汎合(2019)从知识结构的视角分析了在信息对称和信息不对称的情况下，共享知识中显性知识和隐性知识比例的变化对顾客知识共享努力水平及收益分配系数的影响，结果表明顾客的努力水平与共享知识的组成结构有关，且当显性知识和隐性知识比例均为0.5时，努力水平达到最大值。同时，收益分配系数与共享知识的组成结构有关，且当隐性知识比例为1时，收益分配系数达到最大值。

(二)知识分享后果的研究

1. 对组织的作用

有关知识分享对组织绩效的促进作用已经得到相关研究的普遍证实

(Collins, Smith, 2006), 反之, 当知识分享受限时, 会提高知识断层, 造成企业绩效不良(Bock et al., 2005), 但知识分享对绩效的促进作用不一定以线性关系形式体现出来。Berman、Down 和 Hill (2002)以共享经验代表隐性知识共享, 对 18 支 NBA 球队所进行的研究表明, 共享团队经验与团队绩效间呈倒 U 形曲线关系, 最初两者正向相关, 随着共享经验增加, 团队绩效与共享经验的正向相关性会下降, 通过某一点之后, 这时知识僵化引发的成本开始超过经验积累所带来的好处, 团队绩效与共享经验会呈负向相关。他们的研究还发现, 教练的执教经验和团队经验存在交互作用, 共同影响团队绩效。当共享经验高时, 教练执教经验对绩效的正向影响下降。Cunmings (2004)的研究表明, 当团队结构(包括地理、功能、管理者)分化程度高时, 外部知识共享对组织绩效的促进作用更明显。朱宾欣等(2020)在构建公平关切下解答者效用函数的基础上建立并求解了无知识共享激励模型(NKS)和知识共享激励模型(KS), 通过对比分析发现知识共享激励机制能实现发包方和解答者的双方经济利益共赢, 且其经济价值随公平关切敏感度的增大而提高, 并受到参赛人数的调节作用的影响。

2. 对个人的作用

与对组织绩效的关注相比, 有关知识分享对个人工作绩效作用的经验研究稍显薄弱, 但已然显示出知识分享对个人绩效存在明显促进作用。Marshall (1997)对信息专业技术人员所做的经验研究表明, 专业人员的知识分享行为对个人工作绩效的提高有显著正向影响。Cramton (2001)的研究表明, 知识分享的不足会引发共同知识问题, 造成归因偏见以及确定独特信息的困难。李涛和王兵(2003)的研究结论显示: 具有较高知识传播程度的知识工作者, 通常有较高的工作效率, 而具有较高知识吸收程度的知识工作者, 通常有较高的工作效率和较高的工作质量。宋一晓等(2019)基于特质激活理论, 通过对韩国境内跨国商贸公司中 386 位中国籍员工及其主管进行配对调研, 发现在感知高水平包容型氛围的情境下, 员工的知识分享在文化智力和员工的任务绩效之间发挥积极的中介效应。

（三）研究评述

知识分享包括三层意思，首先是员工之间可以相互交流知识，组织应该提供一个共享知识的良好环境，使员工在正式的组织方式或者非正式的场合可以自由地交流；其次，要求组织为员工提供良好的教育、培训以及其他获取知识的途径和方法，因为员工是组织最具有能动性的资源，知识是员工为组织参与社会竞争的必要武器，所以组织必须保证员工可以在恰当的时候获得恰当的知识；最后，组织要求员工将自己的知识共享给组织，因为人员具有强流动性，为了保证组织的知识竞争力不会由于人员的流动而波动，组织应该通过一切可能的途径激励员工贡献知识。个人知识深隐于个体的大脑中，如果个人知识不能有效地转变为组织知识，组织将不会获得持久竞争优势的源泉。知识的有效共享，能促进组织内知识的良性流动和增殖。当我们共享所学的知识时，会巩固我们的知识并能够得到启示。共享知识可以提高组织成员之间的信任感，增强协作能力，并使成员之间在真正意义上共同拥有知识。这是建立长期信任伙伴关系的基础，组织将变得更富有凝聚力和创造力。

三、组织学习

组织学习最早源于 March 等人对政府部门改革的研究，认为学习再造是政府改革的重点。随后，Argyris（1978）在《组织学习：观察理论的视角》（*Learning：Observation toward A Theory*）一文中正式提出组织学习的概念，认为组织学习是组织发现错误并通过新的使用理论进行改造的过程，组织中存在单环学习和双环学习两种不同的学习形式。单环学习是指学习过程能够促使组织继续实施当前的政策或目标；双环学习则不仅能够监测组织中的错误，还能影响背后的政策以及自身程序。资源基础观认为，组织学习是企业获取知识和能力的基本途径，是新创企业成长过程中最为重要的行为活动之一。作为资源基础观延伸的知识基础观认为，知识对于企业而言是最具有战略价值的资源。因此，企业对于知识的创造、存储以及应用成为获取竞争优势的关键（辛安娜，

2017)。组织学习描述的就是企业获取资源、内化知识、形成自身的竞争优势的过程。

自掀起了组织学习理论研究的热潮，Argyris 也被誉为“组织学习”之父。其他研究者也从不同的角度，对组织学习的概念进行了不同的界定。Argyris 和 Schon (1978)指出组织学习是组织在已有经验的基础上，是对其错误进行修正，提高其知识和能力，并将这些技能运用到未来行动的一系列过程。Senge (1990)从系统动力学视角对学习型组织进行了研究，认为系统思考、自我超越、心智模式、共同愿景以及团队学习是建立学习型组织的五项修炼。Garvin (1993)认为组织学习是组织创造、获得与传递知识的过程，以修正行为，提升适应环境的能力。该观点强调组织学习是一个循环的过程，其目的是对行为产生积极影响。Zahra 等(1999)把组织学习按知识来源的不同分为获得式学习和实践式学习。获得式学习使得企业从外部网络获得其他组织的知识或经验，可以避免别的企业走过的弯路，甚至可以获得和别的企业一样的成功，并节省时间提高效率。实践式学习则是发生在企业内部，需要企业通过采取实践和不断试错来解决问题，将已掌握的知识应用于企业经营实践并加深对相关知识的理解与应用。Desai(2015)认为组织学习是以解决问题和进行实验为基础的，而问题的解决和实验的进行是寻求正确答案的过程。卫武等(2019)指出组织学习分为学习承诺、开放心智和分享愿景三个维度。学习承诺体现为企业对组织学习的价值认知，通过组织学习形成系统思考的习惯来解决问题。开放心智会使员工接受持续变革并广泛参与到战略制定中，有利于提高环境预测的准确性。分享愿景也可以帮助企业内部在战略思考和规划中进行交流沟通，减少由于观念不同产生的分歧或冲突，使员工对企业定位和未来发展有着较高的认同。Flores 等(2012)研究者认同组织学习开始于知识获取，进而在组织内部传播所获取的知识，之后是知识的理解和整合，最后以知识储存于组织记忆并得到应用。

通过文献梳理，朱瑜和王雁飞(2010)归纳出组织学习定义的四个特征：(1)工具论观点。该观点认为组织学习是在组织有限理性的限制下，组织通过知觉到环境的不确定和风险性，使得决策行为及信息处理方式发生改变的整体循环过程，即组织学习是组织行为决策改进的主要工具与手段。(2)系统理论观点。持这种观点的研究者将组织学习看成组织在竞争发展过程中，根据其所获取的有关外在环境的知识与信息，进而对组织内部相应活动作出调整的组织活动，而组织学习活动的根本目的则在于使组织的输入、产出及环境反应之间保持动态均衡关系。(3)结构论观点。结构论观点的研究者认为组织学习与组织结构的改变有关，它是当组织适应内外环境变化时所进行的重组结构(restructure)活动，由此就产生了组织学习行为。(4)自我管理(self-regulating)观点。自我管理观点认为组织学习是组织进行错误侦测及矫正的自我规制过程，它主要包括组织对自己错误进行不断发现、认识、改进并进行规范的自我管理的过程。

(一)组织学习的过程

针对组织学习是如何进行，学者们也提出各种组织学习的过程加以描述。

一是从组织整体来看分为四个阶段(Argyris，Schon，1978)。首先是发现(discovery)阶段，即组织通过相应活动发现内部存在的优势、潜在的问题以及面临的机遇和挑战等，重在发现预期的学习结果与实际情形存在的差异。其次是发明(invention)阶段，是指在第一阶段的基础上，分析差距并探索出各种可能的解决问题的方案。再次是执行(production)阶段，即运用新的操作程序与管理机制去实施解决方案的过程。最后是概念化(generalization)阶段，此阶段在总结与评估过去经验的基础上，将成功的新程序融入组织政策、惯例和规范中。

二是从认知角度出发分为三个方面(Weick，1979)。第一方面是制订(enactment)，是指组织及其成员在组织中创造新的思想和理念的过程。第二方面是选择(selection)，即组织选择或执行新的理念的过程。第三方面是保留(retention)，是指组织确定新的理念能否被接受的过程。为了适应外界环境的刺激，组织成员应首先通过定义形势来设定环境，并消除环境因素中一些含糊不清的东西，然后筛选出利于组织学习的因素，最后以特定的方式将组织的相关信息或知识在组织内部保留或被学习，让组织成员了解并运用这些具有学习意义的行为活动。

三是从知识角度出发分四个过程(Huber, 1991)。包括知识获取(knowledge acquisition)、信息扩散(information distribution)、诠释信息(information interpretation)、组织记忆(organizational memory)四个过程。知识获取是指通过对环境的监控，组织可以获取公开知识、事实和信息，信息系统可以用来存储、管理和修改信息，进行研究和发展、教育和培训、专利监控等。知识获取不仅取决于从组织外部获取的知识，也取决于已存在知识的重新整理、先前知识的修订、理论体系的建立和修正。信息扩散即组织在其单元间和成员之间共享信息的过程，由此可以产生新知识和对现有知识新的理解。信息扩散和共享的范围越广泛和程度越深入，组织的学习效果也越好。诠释信息则使信息被赋予一个或多个内涵，其排列被称为程序化的知识。对于信息的解释和含义的排列，个体和群体都有自己先验的理念，这些理念结构被存储为一种基础法则，这种基础法则会被应用在任何后继进入的信息上，以形成可被存储的有意义的知识。组织记忆指存储可以供未来使用的知识的“仓库”，有利于实现组织学习持续性。Huber 对组织学习的理解比以往的组织学习模型更为全面，把组织学习看作信息和知识在组织中循环流转的过程，具有更为广泛的指导意义。

四是组织学习过程就是信息处理过程(Dixon, 1994)。将组织学习的内容从“知识”放大为“信息”，组织学习包括有创造(generate)、整合(integrate)、解释(interpret)与行动(act)四阶段循环过程模型。创造(generate)即对内部和外部信息的收集和归纳；整合(integrate)即通过培训和会议系统将这些信息整合到组织中；解释(interpret)即通过改进的交互作用和减少了层级的体制共同努力解释这一信息；行动(act)即鼓励个人和小组在有关问题存在共同理解的基础上采取适当的行动。Dixon 对组织学习研究的贡献还在于他提出了“意义结构”(meaning structure)的概念来取代传统习惯上的“知识”和“信息”，将意义结构分为个人意义结构、可共享意义结构和集体意义结构三部分，个人意义结构中可以与组织成员共享的部分成为可共享意义结构，而集体意义结构是在可共享意义结构的基础上能被整个组织所吸收，为组织内大多数人所认同的组织价值观念和认知。通过组织学习的循环过程模型可以使个人意义结构形成可共享意义结构，并最终形成集体意义结构。Dixon 的循环过程模型将个体学习与组织学习较好地结合起来，并且强调了学习与组织绩效提高的关系，同时具有一定的可操作性，因此具有较强的理论和实践价值。

五是 4I 模型(Intuiting，Interpreting，Integrating，Institutionalizing)(Crossan et al.，1999)。从探索式学习和利用式学习出发提出组织学习的 4I 模型，围绕个人、团队和组织交互学习展开，可以用于协调组织在探索式学习和利用式学习之间的不平衡。Intuiting 即感知，对应于个体学习，是对新思想的重新认知，要么用来创造新的机会，要么用来识别熟悉的模式。Interpreting 即释义，个人感知在团队间传递并被理解。对个体对直觉的思考和交流，表现为群体的整合。Integrating 即整合，个体知识在被团队成员解释理解的基础上进一步转化为组织知识的过程，是团队学习向组织学习转换的过程，主要包括分享理解和采取协调行动。Institutionalizing 即制度化，将学习以程序、惯例、制度和规范的形式固定下来，生成系统化知识与组织文化，是组织层次上的学习。有学者认为(李丹，郭迟，2009)4I 模型关注知识的正向反馈，能很好地解释个人学习向组织学习的发展，但对于解释组织学习向个人学习的扩散则显得较为笼统粗略。

(二)组织学习的结果

在组织研究中，组织学习经常被作为企业竞争优势、创新能力、绩效的前因变量。例如，陈万思等研究了组织学习对组织创新的正向影响。通过缩短原料采购周期、研发周期的形式的组织学习可以提高企业的运营绩效，促进新产品开发和提高市场占有率等(Slater，Narve，1995)。谢洪明等(2006)通过对珠三角地区企业的实证调查，证明了中国制造企业通过组织学习在网络中获取知识与信息(特别是隐性知识)，从而提升了企业的创新能力和核心竞争力。许冠南(2008)通过探索型案例研究以及问卷调研，验证了企业的关系嵌入通过正向影响探索式学习进而对技术创新绩效起到促进作用。蔡莉等(2010)在对长春、北京及福州三地进行实地调研的基础上，运用结构方程模型证实了新企业组织学习对创业网络和企业绩效关系中的作用。王慧兰和陈昭珍(2014)通过对549份来自中国台湾公股银行的数据分析发现，组织学习对公股银行经营绩效产生积极影响。陈国权等(2017)对中国企业的213个样本的调查数据发现，组织外部环境和内部结构特征对组织学习与组织绩效的关系同时起到了调节作用。组织外部环境动态性越高，组织内部有机结构程度越高，组织内部学习和外部学习对组织绩效的提升作用越明显。Li Zuo等(2019)验证了组织的适应性学习(adaptive learning)与验证性学习(experimental learning)对组织财务绩效的创新与意义的影响。

(三)研究评述

通过对学者们有关"组织学习"定义的研究和梳理，发现组织学习具有如下几个特点：一是组织学习与组织环境密切相关，组织学习是组织对环境的感知并主动适应的一种行为。特别是早期的研究学者，大多数把研究视角定位于组织与环境的互动关系视角，认为组织学习是"关于组织行为和环境之间的相互作用关系的知识"。二是组织学习与知识和信息密切相关，组织学习是组织对信息和知识的一种反应和利用性行为，组织学习能"增加组织的知识"。组织学习是知识流动的过程，是知识整合和重构的过程，组织学习是知识获取、知识转移、知识整合、知识共享的过程，组织学习体现为知识的流动。三是组织学习是组织行为的一种持续性、系统性的改进过程，组织学习"是一个认知和行为的变化过程"，是"组织透过信息的处理改变潜在行为的范围"，是"一个发现错误和改正错误的过程"。四是组织学习是一种能力，"是企业对于内部或外部环境刺激，进行观察、评估及行动的能力"，是"增进组织采取有效行动的能力"，组织学习"和组织绩效和能力提升密切相关"。五是组织学习具有"循环性""共同性"和"复杂性"特点。在研究中，很多学者使用"周期性""学习循环"等特点来界定组织学习；很多学者认识到了"个体学习"和"组织学习"的区别，并认为"当面临相同问题的组织成员以共同学习的方式一起解决问题时"，才称之为组织学习。组织学习必须实现知识的群化过程，只有同时发生在个人、团体和组织的三个层面上的学习才能称为组织学习，组织学习是“组织中成员、其行为、象征以及流程之间的复杂相互关系的过程”。六是组织学习与组织创新有较强的联系。部分学者从组织学习与创新的关系视角来定义组织学习，如 Stata（1989）认为“组织学习是产生创新的主要过程”，Cavaleri 和 Fearon(1996)认为组织学习是“由于组织成员共同经验所产生的共享性理解的有目的的创造过程”，Slater 和 Narver（1995）认为组织学习最基本的定义是“组织学习是能潜在地影响行为的新知识或新创意的培养过程”。Mills 和 Friesen（1992）认为学习型组织通过组织学习能“保持企业的竞争优势和创新能力”。

组织学习流程基本上可分为知识(信息)获得、知识(信息)分享、知识(信息)运用和组织记忆四个阶段(胡青丹，2010)。在这四个阶段中，知识(信息)分享对于组织学习极为重要，这是与个体学习的主要区别。组织只有将所获得的知识(信息)，传播到组织的各个部门，让所有的组织成员理解这些知识(信息)，组织学习才能取得效果，并最终反映到组织绩效当中。另外，组织记忆也是组织学习的一个重要阶段，组织通过组织机制(政策、策略与组织流程等)将组织学习的成果保存下来，形成组织记忆，以供组织未来使用。不同组织学习方式的学习过程的最大差异在于知识(信息)获得这个阶段，也就是经验的来源不同，战略联盟内的组织间学习来自于联盟方的经验和信息，那么如何从对方身上获取有用的经验和知识，尤其是隐性知识，将是组织间学习区别于其他学习方式的最显著特征。组织学习通过将组织内外的知识、信息充分利用和调动起来，对知识反复进行整合和重构，形成一股强大的聚合力，促进知识的群体化，来推动企业快速高效地发展。

四、员工创新行为

创新与创造力相关，在组织领域的研究中，学者们辨析了二者的异同。Leonard 和 Swap（1999）从概念上进行了区分，将创造力(creativity)定义为“研究表达可能有用的新想法的过程”，将创新(innovation)定义为“在新奇、有意义、有重要价值的新产品、过程或服务中，知识的具体化、综合以及合并”。

West(2002)从结果上进行了区分，认为创造力是“新想法的产生”，而创新则是“新想法在实践中的应用”。学者们的共识是：创造力是产生新奇且实用的想法，创新则是采用并执行这些新想法。创新起源于创造力，创造力的成果就是创新。创造力关注问题解决或任务完成的思考方式，是创新的前提和第一步，创新关注问题解决或任务完成的积极效果，是创造力的延伸。

(一)员工创新行为影响因素的研究

学者们从个人层面、团队层面、组织层面、社会层面对影响员工创新行为的因素提出各种假设或实证探讨。

1. 个体层面

从个体层面对员工创新行为影响因素的研究主要着重性格、认知、感知三个方面。在性格方面。早期关于个体创新能力的研究主要注重性格的研究，如 Barron 和 Harrington 指出个体性格中的直觉、自信、审美水平、广泛的兴趣、旺盛的精力影响创造力水平。Amabile 早期的研究认为毅力、好奇心、精力、心智成熟度对创造力产生影响。Woodman 指出内控点影响创造力。早期性格探究主要通过对人物传记或者访谈获得，后期实证研究也证明了创造性格与创造力之间的重要联系。曲如杰等(2019)通过对 61 个团队，共 186 组上下级配对数据分析发现，员工创新人格会调节员工自我创新期待对员工创新行为的影响，同时，当员工的创新人格高时，组织创新重视感通过员工自我创新期待对员工创新产生的积极作用更强。

在认知方面，对个体认知方面的研究主要包括智力、流畅性、知识、认知方式等方面。关于智力的早期研究认为天才是创新的一个前提，最有名的实验是由认知心理学家刘易斯・特曼在 1921 年发起智商测试与创造力预测的研究，也被称为“天才基因研究”。该研究持续了三十五年，其后续相关研究表明，天才与创新能力无关。

在感知方面，个体感知方面的研究主要有动机、情绪、自我效能感、自主性、工作不安全感、自我认同等。其中，对于动机的研究，不同的学者提出不同的见解。Ambaile 指出动机尤其是内部动机是影响创造力的关键因素，Zhang

等(2010)提出内部动机中介心理授权对员工创新行为有影响，Shalley 和 Shin (2001)指出动机水平受情境影响。但 Perry(2006)提出内部动机对创新行为没有影响，而 Choi(2004)研究得出内部动机与创造力相关思维负相关。单标安等(2019)借助情感传染理论和领导-成员交换理论，发现员工感知的探索激情和发展新企业的激情会通过感知信任正向影响员工创新行为。

2. 团队层面

从团队层面对员工创新行为影响因素的研究依据社会交互理论来开展，关注团队因素对员工创新行为的影响，如团队氛围、团队协作、团队多元化、领导方式等。West(1990)从团队氛围提出影响员工创造的四要素：愿景、参与安全感、任务取向和创新支持。Sawyer(2006)认为创造是集体行为而非个体行为，提出团队协作影响团队创新，主要包含十个因素：共同目标、仔细倾听、完全关注、自主性、混合自我、平等参与、熟悉度、交流、思想推进的努力程度、失败的风险。Justesen(2004)指出团队认知和技能多元化对协同创新的影响，认为来自组织内外的不同观点能使创造力最大化，并提出 innoversity 这一概念。对于领导方式的研究主要有变革型领导、交易型领导、真实性领导、领导反馈、意愿型领导、精神型领导、伦理领导等对员工创造力或创新绩效的间接影响，其作用受心理授权、领导成员交换、创新自我效能、学习导向、心理资本等中介影响。

3. 组织层面

从组织层面对员工创新行为影响因素的研究主要着重冲突、绩效、工作性质、组织结构、工作设计等方面。Jehn(1997)认为团队冲突影响团队创新，并将团队冲突分为关系型冲突和任务型冲突。张勇指出绩效薪酬强度与创造力之间为倒 U 形关系。关于工作性质的研究发现，工作复杂性与创造力正相关。李子叶等(2013)发现组织结构正式化程度可调节知识转移与创新绩效的关系。白景坤等(2020)通过对 12 家中国企业的 342 份有效问卷的分析发现，组织薪酬制度的对外退耦对员工创新行为有显著正向影响，组织薪酬制度的对内退耦对员工创新行为有显著负向影响。

4. 社会层面

从社会层面对员工创新行为影响因素的研究主要包括社会网络、榜样的作用、文化、身份认同等方面。刘智强等通过元分析发现在组织任期相同的情况下，相对于西方文化情境，东方文化情境下的员工创新行为更强，说明文化差异是影响组织任期与创新行为关系的调节因素。Leung(2008) 等指出多元文化经历通过拓展问题解决方式、形成不同构念、弱化固定思维、建立认知复杂性来激发创造力。李启平(2019)指出“营改增”后，企业负债水平显著下降，税改后企业留存收益增加，从而有效激励高新技术企业在研发方面的投入。

(二)研究评述

通过以上综述可以发现，学者们对员工创造力相关研究取得了一定的重要研究成果，也为未来进一步研究指明了方向。具体表现在以下几方面：

第一，有关员工创新行为的理论研究视角广泛，涵盖了组织行为学、心理学、社会交互理论、社会认知学、经济学等众多学科。

第二，对员工创造力和创新行为的前因研究较多。在本土研究中，学者们关注更多的是对创造力产生助推作用的影响因素，如性格、内部动机、自我效能感、知识分享、自主性等，对于一些看似阻碍的因素的研究较少，如冲突、压力、疲劳、辱虐管理、厌恶情绪、自尊管理等。同时，我国情境下对创造力的研究与国外研究存在一定的文化差异，由此可以引入本土化的变量，如关系、谦卑、面子、阴阳观念等，用以填补相关理论的空白。

第三，研究方法比较丰富，以定量的研究居多。既有从单一角度考查人力资源管理对员工创造力的影响，也有研究了个体和情境的交互作用，并在影响路径中引入中介和调节变量。结构方程模型和多层线性模型使得统计效应变得更加精确，有助于揭示变量之间的实质关系，同时，跨层次研究已成为新趋势。未来的研究可以注重情境问卷法与定性研究相结合，自评与他评相结合。此外，未来有关创造力评价体系的研究可以引入新视角，如语义网络、产品新颖性指标计算等，以此优化测试内容，量化评价结果，提高创造力评价的科学性。

第四章　研究假设

本章主要内容是结合前面章节的理论基础与文献综述，对本书的研究总体构想提出假设，假设主要包括组织信任与员工创新行为的关系、组织信任与知识分享的关系、知识分享与员工创新行为的关系、知识分享在组织信任与员工创新行为之间起中介作用以及组织学习的调节作用等。

正如前面章节所提到的，信任是组织的“润滑剂”，能够促进团队合作，信息交换，减少内耗，降低监督成本和交易成本，从而提高管理效率。反之，如果组织中的信任遭到破坏，可能导致员工秘密追求个人利益、隐藏信息，甚至引发恶性冲突，给组织管理带来显著的负面影响。因此，深入分析组织信任的影响因素，采取有效措施防范信任危机的发生或减轻其负面作用，成为组织管理工作的一项紧迫任务。

当前对组织信任的研究呈现出如下三个特点：第一，先前研究大多关注组织信任对组织公民行为的影响，而鲜有学者对组织信任与员工创新行为的“黑箱”进行探索。第二，组织信任与员工创新行为的研究结论不一致，学界对组织信任是否能促进员工创新还存在争议。其中，占主导地位的观点认为组织信任直接影响任务绩效，当直接主管值得信任时员工会表现出更高的创新行为。但也有研究表明组织信任与员工创新行为之间不相关。第三，先前研究基本上只探讨组织信任的积极作用，而忽视了其消极影响。事物都有其两面性，组织信任也不例外。

关于信任与员工创新行为的研究表明，对于知识型员工而言，其对组织信任的氛围越浓，知识分享的意愿也就越强，创新的意愿和能力也就越突出。本研究以知识分享为中介、组织学习为调节，探索组织信任对员工创新行为的效应。通过对多家企业的400多名员工的问卷调查结果进行分析，探索组织信任对员工创新行为的影响机制以及边界效应，从而减少员工创新的不确定感，激励员工表现更多的创新行为。

一、组织信任与员工创新行为

前面章节提到，组织信任大致分为组织内部信任和组织间信任两个构面。结合本研究的研究目的和研究对象，本书中的组织信任主要是指组织内部员工之间的信任，是以工作团队为基础的工作环境下共事成员之间的一种人际信任，是员工对组织的信心和感知的组织对员工的支持，包括员工对上司、员工对员工、上司对员工、员工对组织以及上司对组织的信任。员工在创新的过程中，不仅需要敏锐的观察力、丰富的想象力、深刻的洞察力等创新思维，更需要能承担在探究未知或打破常规的风险性和不安全性，以执行创意构想，采取创新行动。根据社会交换理论，员工-组织关系的实质是员工的努力和忠诚与组织提供的物质和社会经济利益的交换。领导作为一种重要的工作资源，其关系质量的高低对员工的创新行为有着不同的影响(Brower, Schoorman, Tan, 2000; Brebels, DeCremer, Van Dijke, 2014)。一般而言，对领导的信任作为领导与成员关系质量的重要特征，能够增加员工的心理安全感，降低员工的不确定感(Edmondson, 1999)。同时，当个体以友好的方式对待他人时，个体同样也会感受到他人的友好，这会促使信任成为二者关系质量的显著特征(Cropanzano, Anthony, Daniels, Hall, 2017)。此外，如果组织给予员工更多的关心和重视，也有助于建立员工对组织的信任，缓解员工的不确定感(Shen et al., 2014)。当员工持有对组织、上级和同事的信任时，作为回报，员工也会积极地表现创新行为，以便提高工作绩效。可见，一方面，组织信任能减少控制管理成本，激励员工认真工作，提升生产力，促进创新活动。另一方面，组织信任能减轻压力，增强安全感，促进冒险活动。总之，信任是一种社会资源，能增强员工的归属感和心理安全感，能促进组织目标与个人目标的紧密结合，激发员工的工作动机，越高的工作动机就具有越多的好奇心和创造力以及冒险意愿，从而激发员工创新行为。因此，我们提出如下假设：

H1 组织信任对员工创新行为有正向影响。

H1-1 系统信任对员工创新行为中的产生构想有正向影响。

H1-2 上级信任对员工创新行为中的产生构想有正向影响。

H1-3 同事信任对员工创新行为中的产生构想有正向影响。

H1-4 系统信任对员工创新行为中的执行构想有正向影响。

H1-5 上级信任对员工创新行为中的执行构想有正向影响。

H1-6 同事信任对员工创新行为中的执行构想有正向影响。

二、组织信任与知识分享

Davenport 和 Prusak(1999)认为，在四种条件下员工乐于与他人共享知识，其中之一就是信任。因为信任是隐性知识流动、共享和转化的基础，在知识市场中没有书面合同也没有法律约束，如果没有信任，很难实现知识的交换。信任是个体估计另一个体采取某种特定行为可能性的主观概率，因此组织内的信任氛围是知识分享收益确定性的重要影响因素。隐性知识的无形性、难以度量性和外部性，使得知识拥有者和需求者在缺乏信任的前提下无法进行有效的交换。信任就构成了知识交易不断支付的基本机制，也是建立关系维度的前提。根据资源保存理论，个体为防止资源损失或从资源损失中恢复，会不断地去获取资源，进行资源的投资和开发。信任和知识都是重要的个人资源，是个人资源束的重要组成部分。因此，组织信任会促进员工通过知识分享的方式获得更多的信任或知识资源，或者为了防止信任资本的流失，通过知识分享来保存自己的资源。同事间的信任可以降低学习分享风险，减少学习防御行为，提高知识分享动机，增进学习合作意愿，加速学习过程。已有研究发现，组织信任与知识分享存在紧密联系。如 Politis(2003)的研究发现，组织信任会对知识获得方面的沟通维度产生显著影响。Chowdhury(2005)的研究证实，认知信任和情感信任都会对知识共享产生显著影响，而且认知信任对复杂知识共享的影响强于情感信任。刘宗华等(2016)以来自 7 家企业的 288 份直接主管-下属配对样本为研究对象，探讨组织信任与知识分享的关系，发现组织信任对知识分享、组织认同有显著正向影响。因此，我们提出如下假设：

H2 组织信任对知识分享有正向影响。

H2-1 系统信任对员工知识分享意愿有正向影响。

H2-2 上级信任对员工知识分享意愿有正向影响。

H2-3 同事信任对员工知识分享意愿有正向影响。

H2-4 系统信任对员工知识分享能力有正向影响。

H2-5 上级信任对员工知识分享能力有正向影响。

H2-6 同事信任对员工知识分享能力有正向影响。

三、知识分享与员工创新行为

在复杂的经营环境中如何提高创新能力一直是企业面临的重要难题，员工创新行为对组织创新和维持竞争优势日趋重要。许多管理学者开始关注个体层次的创新，并从不同的角度来界定个人创新行为。有学者认为创新行为不仅包括提出创新构想，还包括宣传和实施创新构想(Ng et al., 2010)。也有学者认为创新行为是员工提出有关工作流程、方法、服务或产品的新构想(Hon, 2011)。本书认为员工的创新行为既包含创意构想的产生，也包括执行创意的行为。知识包含显性知识和隐性知识，二者互为补充，对创造行为至关重要，是企业创造社会价值不可缺少的宝贵资源。在组织环境下，个体之间的知识分享，就是知识源将其私有知识转化为可被其他人理解、吸收和使用的过程(Ipe, 2003)。知识创造理论认为组织学习的过程表现为组织与其成员之间、组织与外界环境之间、组织成员之间所进行的隐性知识与显性知识共同化、表出化、联结化和内在化四种相互转化的过程。从逻辑上说，团队成员之间的知识分享可以提升员工的创新行为。因为在组织的知识创造过程中，需要组织创建一个互动的“场”，以使不同背景的成员能够共享彼此的体验和心智模式，通过对话沟通和集体反思来促使知识的转化，而知识的创造便是在这种共享的动态环境中进行的。所以，知识共享是生成新知识的前提，它为组织内知识的传播和转化提供了先决条件(杨烁，余凯，2019)。也就是说，丰富的与工作相关的知识是员工产生创意的前提，知识分享有利于给员工提供与工作任务相关的信息和反馈意见，有助于员工打开眼界，拓展思维，突破思维定势，从而激发灵感产生创意。同时，创意的执行需要人们借鉴到各种观点和方法，以便产生不同的解决方案，提高创新能力。已有研究发现知识分享对个人绩效和创新行为有很强的正向预测力(Vij，Farooq，2014)。因此，我们提出如下假设：

H3　知识分享对员工创新行为有正向影响。

H3-1　知识分享意愿对员工创新行为中的产生构想有正向影响。

H3-2　知识分享能力对员工创新行为中的产生构想有正向影响。

H3-3　知识分享意愿对员工创新行为中的执行构想有正向影响。

H3-4　知识分享能力对员工创新行为中的执行构想有正向影响。

四、知识分享在组织信任与员工创新行为之间起中介作用

前面提到，组织信任中的系统信任、上级信任、同事信任有利于对团队中的合作氛围产生积极影响，能促进经验的交流和知识、信息的分享。当知识分享者阐述、重组和转移知识时，会积极思考自己的知识储备，以及与组织实践的匹配程度，这些活动就能使他们更加主动地把握变革的机会，并在组织内将新知识运用于新的用途，最终将新知识运用于日常工作之中，从而提高个人创新能力(郑馨怡等，2017)。可见，组织内的人际信任为员工知识分享创造了良好的氛围和条件，而员工的知识分享为员工创新行为提供了强有力的保障和动力(王雁飞，2012)。结合上述探讨，我们提出如下假设：

H4　知识分享在组织信任与员工创新行为之间起中介作用。

H4-1　知识分享意愿在上级信任与员工执行构想之间起中介作用。

H4-2　知识分享意愿在同事信任与员工执行构想之间起中介作用。

H4-3　知识分享意愿在系统信任与员工执行构想之间起中介作用。

H4-4　知识分享能力在上级信任与员工执行构想之间起中介作用。

H4-5　知识分享能力在同事信任与员工执行构想之间起中介作用。

H4-6　知识分享能力在系统信任与员工执行构想之间起中介作用。

H4-7　知识分享意愿在上级信任与员工产生构想之间起中介作用。

H4-8　知识分享意愿在同事信任与员工产生构想之间起中介作用。

H4-9　知识分享意愿在系统信任与员工产生构想之间起中介作用。

H4-10　知识分享能力在上级信任与员工产生构想之间起中介作用。

H4-11　知识分享能力在同事信任与员工产生构想之间起中介作用。

H4-12　知识分享能力在系统信任与员工产生构想之间起中介作用。

五、组织学习调节组织信任与员工创新行为之间的关系

组织学习是企业在技术和需求快速变化的市场环境中取得成功的关键，是企业持续竞争优势的重要来源。Garvin(1993)认为组织学习是组织创造、获得与传递知识的过程，以修正行为，来提升适应环境的能力。Crossan 等(1999)从探索式学习和利用式学习出发，提出组织学习的 4I(Intuiting，Interoperating，Integrating，Institutionalizing) 模型，该模型围绕个人、团队和组织交互学习展开，可以用于协调组织在探索式学习和利用式学习之间的不平衡。Sinkula、Baker 和 Noordewier (1997)等学者通过研究信息流程，把对学习的承诺、愿景的分享、开放的思想归为组织学习的三个维度。研究表明，组织学习正向调节互补知识资产和技术创新动态能力之间的关系(杜俊义，崔海龙，2019)。因为组织学习可以创造出新的知识，也可以产生组织惯例和流程。所以在进行组织学习的过程中，企业通过对知识资源不断获取与更新，对其进行消化吸收，改善原有知识质量。通过对知识的有效利用，组织在创新方面的问题可以得到解决。对企业来讲，开展组织学习能够使企业适应环境，保持和加强企业的竞争力，增强企业的创新能力。

组织内信任关系包括组织信任、上级信任和同事信任。组织学习存在于充满不确定性和不断变化的环境中，其建立需要有信任的存在。当员工信任组织，成员间认可彼此的学习意图，相信对方的学习能力时，才有可能进行学习。同时，员工的创新需要发挥信任有效联结的作用，促进组织成员之间知识、信息及资源的交换、整合和配置，从而推动员工的创新绩效。当企业能为员工提供学习、培训的机会，使得学习成为本企业工作的一部分，才能更好地发挥组织信任的作用，鼓励企业员工不断学习新知识和技能，促进员工的创新行为。如果企业所有的员工都清楚并认同企业的使命，并为实现企业目标而努力时，就会不断识别可以利用的创新资源，提高个人创新能力。开放心智同样可以帮助企业及时总结经验教训，增强组织信任，提升员工创新的动力和机会。结合上述探讨，我们提出如下假设：

H5　组织学习在组织信任与员工创新行为之间起调节作用。

H5-1　学习承诺在上级信任与员工执行构想之间起调节作用。

H5-2　分享愿景在上级信任与员工执行构想之间起调节作用。

H5-3　开放心智在上级信任与员工执行构想之间起调节作用。

H5-4　学习承诺在上级信任与员工产生构想之间起调节作用。

H5-5　分享愿景在上级信任与员工产生构想之间起调节作用。

H5-6　开放心智在上级信任与员工产生构想之间起调节作用。

H5-7　学习承诺在同事信任与员工执行构想之间起调节作用。

H5-8　分享愿景在同事信任与员工执行构想之间起调节作用。

H5-9　开放心智在同事信任与员工执行构想之间起调节作用。

H5-10　学习承诺在同事信任与员工产生构想之间起调节作用。

H5-11　分享愿景在同事信任与员工产生构想之间起调节作用。

H5-12　开放心智在同事信任与员工产生构想之间起调节作用。

H5-13　学习承诺在系统信任与员工执行构想之间起调节作用。

H5-14　分享愿景在系统信任与员工执行构想之间起调节作用。

H5-15 开放心智在系统信任与员工执行构想之间起调节作用。

H5-16 学习承诺在系统信任与员工产生构想之间起调节作用。

H5-17 分享愿景在系统信任与员工产生构想之间起调节作用。

H5-18 开放心智在系统信任与员工产生构想之间起调节作用。

具体而言，与员工感知的组织学习水平较低的员工相比，当员工感知的组织学习水平较高时，组织信任对员工创新行为的作用更强。

六、组织学习在组织信任与知识分享之间的中介关系

当今社会，学习是组织生存的必要条件，也是企业保持竞争优势的重要来源。但是，要全面发挥组织学习的优势，仅仅靠员工的单纯沟通并不能产生智能性的学习结果，沟通本身不足以充分捕捉和处理新知识的价值，而是必须通过进一步的深化机制分享，才能真正赋予知识新的价值。正如 Hendriks(1999)在其知识分享过程模型中所提出的那样，组织学习的本质与知识分享过程密切相关。具体而言，首先是知识拥有者通过演讲、讨论、编写或归档等外显的行为，将知识进行外化与传输，也就是通过分享的过程，使得知识的吸收者通过实际工作，如阅读书面材料、参与讨论、撰写文本等方式对这些知识与信息进行内化与吸收，从而完成组织学习中对于知识的分享。

本研究认为组织学习对组织信任和知识分享的关系具有调节作用。因为如果组织学习能力是企业重要的竞争优势，学习则成为企业工作的一部分，员工的交流和学习机会也会增加，这有利于加深员工对组织的信任，同时强化其对知识分享的作用。如果员工都理解并拥有共同的愿景，能感觉到他们对企业发展负有责任等，则各部门就会加强交流，产生知识共享，努力投身于实现企业目标而共同奋斗中来。开放心智且不怕质疑公司的运营方式，能包容接纳各种不同的声音，更会加强员工或部门之间的情感信任和认知交流，减少人们对失去个人知识或技能的恐惧，从而更愿意和他人分享。知识分享解释了组织信任

对员工创新行为影响的中介机制。在员工感知组织学习氛围较高的情境下，知识分享对员工创新的影响要强于感知低的组织学习氛围情境下知识分享对员工创新行为的影响。鉴于此，本书认为在组织学习水平较高的情境下，组织信任通过知识分享对员工创新行为产生的间接效应更强。结合上述探讨，我们提出如下假设：

H6　组织学习在组织信任与知识分享之间起调节作用。

H6-1　学习承诺在上级信任与员工知识分享意愿之间起调节作用。

H6-2　分享愿景在上级信任与员工知识分享意愿之间起调节作用。

H6-3　开放心智在上级信任与员工知识分享意愿之间起调节作用。

H6-4　学习承诺在上级信任与员工知识分享能力之间起调节作用。

H6-5　分享愿景在上级信任与员工知识分享能力之间起调节作用。

H6-6　开放心智在上级信任与员工知识分享能力之间起调节作用。

H6-7　学习承诺在同事信任与员工知识分享意愿之间起调节作用。

H6-8　分享愿景在同事信任与员工知识分享意愿之间起调节作用。

H6-9　开放心智在同事信任与员工知识分享意愿之间起调节作用。

H6-10　学习承诺在同事信任与员工知识分享能力之间起调节作用。

H6-11　分享愿景在同事信任与员工知识分享能力之间起调节作用。

H6-12　开放心智在同事信任与员工知识分享能力之间起调节作用。

H6-13　学习承诺在系统信任与员工知识分享意愿之间起调节作用。

H6-14　分享愿景在系统信任与员工知识分享意愿之间起调节作用。

H6-15　开放心智在系统信任与员工知识分享意愿之间起调节作用。

H6-16　学习承诺在系统信任与员工知识分享能力之间起调节作用。

H6-17　分享愿景在系统信任与员工知识分享能力之间起调节作用。

H6-18　开放心智在系统信任与员工知识分享能力之间起调节作用。

具体而言，与员工感知的组织学习水平较低的员工相比，当员工感知的组织学习水平较高时，知识分享的中介作用更强。

第五章　变量测量与数据分析

本章结合研究目的、研究框架与研究假设，介绍并借鉴相应的组织信任问卷、知识分享问卷、组织学习问卷、创新行为问卷等，分别对各原始量表中每个题项的数据分布、集中趋势、离散趋势通过描述分析进行初步了解，后续通过对每个量表信效度检验修订后再做深入分析。

一、变量测量量表

本书中，所有的变量都采用李克特 5 点量表，其中由“1”到“5”代表从“非常不同意”到“非常同意”。本书所使用的大部分量表是国外的成熟量表。在使用这些量表时，首先，由两位管理学领域的研究人员独立地将英文量表翻译成中文量表；然后，由本研究设计者进行汇总并反馈给专家，通过多次调整，确定中文量表；最后，将其回译成英文，以验证量表的准确性。在标准化量表的基础上，根据被调研企业的情况，适当对量表进行修改，确保最终使用的量表具有严谨性和适用性。

(一)组织信任的测量

关于组织信任的测量，以信任客体即被信任者的可信任性作为研究对象的量表比较丰富。Cook 和 Wall (1980)在对英国蓝领工人进行访谈的基础上发展出了在组织内二维的信任量表，该量表按照员工对公司管理层和同事的信任程度来进行区分。Shapiro、Sheppard 和 Cheraskin (1992)则从信任主体出发，研究讨论商务背景下人际关系产生的原因，并区分了威慑型信任、了解型信任、认同型信任三种不同类型的组织信任。McAllister (1995)认为组织中的人际信任量表包含 11 个项目，主要分为认知和情感两个维度。认知信任的核心成分包括对方的能力(competence)、责任心(responsibility)、可靠性(reliability)。情感成分主要是基于交互双方的情感纽带，涵盖真诚(genuine)和关心(concern)。Cummings 和 Bromiley (1996)建立的组织信任量表包含认知、情感、意图三个维度。Mayer(1999) 根据对员工对高层管理人员的信任进行的为期 14 个月的实地研究，结合 Schooman、Mayer 和 Davis(1996)的包含能力、善意、正直、偏好四个维度的组织信任问卷，同时加入包含五个条目的信任因子，修正后得出包含能力、善意、正直、偏好、信任五个维度的组织信任量表，该量表含有 26 个项目。

王雁飞等(2012)结合中国企业的实际，并参考 Nyhan 和 Marlowe (1997)、Costigan 等 (1998) 的观点修订了量表，从对组织的信任、对主管的信任和对同事的信任三个方面对组织信任进行测量。修订后的信任量表共有 13 个项目，其中系统信任包括：我认为公司是值得信赖的，我觉得在公司的工作是有保障的，我觉得公司对员工的承诺是真心实意的，我相信公司能持续贯彻相关管理政策 4 个题项。上级信任包括：我相信上级会尽可能以公正的方式对待我，我相信上级所说的话是诚实可信的，我相信上级会尽可能地考虑我的权益，我相信上级会以诚恳的态度对待员工的意见，我相信上级在任何时候都会支持我 5 个题项。同事信任包括：我充分相信同事们的工作能力；当我工作忙时，我相信同事会帮助我；我相信同事对我的承诺与保证；当我工作困难时，我相信同事们会支援我 4 个题项。这三个维度的内部一致性系数分别为 0. 87、0. 67 和 0. 64。

(二)知识分享的测量

在众多的量表中，学者们对知识分享从不同的维度进行测量。一维视角方面，Connelly 和 Kelloway 开发的感知知识共享文化量表共一个维度包括 6 个指标；Lin 和 Lee 的知识共享行为量表包括 4 个指标；Chowdhury 开发的复杂知识分享测量量表包括 7 个指标。二维视角方面，Zarraga 和 Bonache (2003)将知识共享理解为一个连续过程，包含知识转移(knowledge transfer)与知识创新(knowledge creation)两个维度。Hooff 和 Ridder (2004) 按知识的流向将知识共享划分为知识输出和知识获取两个维度。其中，知识输出(knowledge donating)指将自己所知通过沟通与他人分享，共 6 项条款(a = 0.85)，知识获取(knowledge collecting)指咨询他人以学习他人所知，涉及 4 项条款(a = 0.77)。Cho 和 Lee 按知识共享的程度将知识共享划分为共享的范围和共享的多样性两个维度。Zarraga 和 Bonache 则按知识管理环节将知识共享划分为知识转移和知识创造两个维度，其中知识转移包含 3 个指标，知识创造包含 2 个指标。李涛和王兵(2003)从知识传播度与知识吸收度两个维度来测量知识共享。三维视角方面，Hansen、Mors 和 Lravas (2005)将知识共享理解为知识搜寻、搜寻成本、转移成本三个决策过程。杨玉浩、龙君伟(2008)将员工知识分享行为的结构划分为三个维度，即分享质量、协同精神和躬行表现。分享质量包括所分享知识的工作相关性、准确性、及时性等；协同精神包括同事相互之间愿意教学新知识、乐意为同事排忧解难、愿意给别人技术指导等；躬行表现为员工参与公司活动的出席频率、在集体活动中表现的积极性、与同事交流的积极表现等方面。

本书主要借鉴了 Kalling 和 Styhre (2003)等学者的研究，从知识分享意愿和知识分享能力两个维度对知识分享进行测量，共有 10 个项目，每个维度 5 个项目，其中，知识分享意愿包括：我乐意与他人分享自己的知识与经验；参与讨论时，我会尽可能提供自己的意见；对于同事提出的问题，我会尽可能地解答；同事需要帮助的时候，我会尽量提供他所需要的资料和文件；我认为与他人分享知识经验是一件很有成就感的事情 5 个题项。知识分享能力包括：我能快速地找到执行工作任务时所需要的知识；我对新观点或新事物会采取接纳的态度；我会以他人理解的方式表达我的意见；我有能力分辨对于工作有价值的知识；我可以快速地找到执行工作任务时所需要的特殊技巧 5 个题项。这两个维度的内部一致性系数分别为 0.814 和 0.658。

(三)组织学习的测量

最初，组织学习的结构与测量大多以一些单一指标为主，如 Virany 等(1992)以 CEO 的变动情况来测量组织学习。Rothgl 等（1994)则用国外经验来进行测量。王晨曦等(2017)结合 Argote 和 Ellis 等的量表，设计出由六个条目构成单一维度的组织学习量表，如"部门员工会记录并储存新学到的知识以供日后参考""我们部门每隔一段时间就会和消费者(或第三方机构)会面，以获取新的信息""我们会拜访本公司的其他部门，以积累和分享不同领域的知识"等。该量表的内部一致性信度为 0.83。也有学者从二维的角度对组织学习进行测量。March(1991)将组织学习的类型分为利用式学习和探索式学习。利用式学习是指运用知识进行回避风险的适应性学习，是对现有生产工艺、产品技术和管理经验等的改善和提高。探索式学习则在更大范围内搜寻新技术与商业机会，比如关于开发全新产品或进入全新市场的知识。Atuahene-Gima 和 Murray(2007) 在中国情境下开发探索式学习和利用式学习量表，该量表共 10 个子项目，如"本企业寻求那些具有试验性和风险性特点的产品方面的知识""本企业收集在我们现有市场和技术经验之外的各种信息和创意""本企业寻求那些具有试验性和风险性特点的产品方面的知识""本企业收集在我们现有市场和技术经验之外的各种信息和创意"等。陈国权等(2017) 从学习范围和知识获取的来源，将组织学习分为内部学习和外部学习，问卷条目包含"企业善于对以前的工作进行反思，总结出经验或教训""企业善于从外部获取知识和经验"等，Cronbach's Alpha 系数分别为 0.881 和 0.811。

Sinkula、Baker 和 Noordewier（1997)等学者通过研究信息流程，把对学习的承诺、愿景的分享、开放的思想归为组织学习的三个维度，并设计出相应的量表。本书借鉴 Sinkula 等人(1997)的测量量表，并参考谢洪明等(2006)学者本土化研究的成果，包含学习承诺、共同愿景和开放心智三个维度。其中，学习承诺包括：我们主管认为公司的学习能力对建立我们的竞争优势非常重要；将学习视为改进的主要方法是我们公司的基本价值观之一；我们公司将员工的学习视为一项投资而不是成本费用；我们公司认为学习是公司生存的必要保障；"一旦我们停止学习，我们的未来就会有危险"是我们公司的共识 5 个题项。共同愿景包括：我们对公司定位以及未来发展的概念有清楚的界定和表述；我们公司中每个层级和部分都有一个共同的组织愿景；我们公司的所有员工都承诺要为公司的目标而努力工作；我们公司的每个员工都觉得他们对公司未来的发展负有责任 4 个题项。开放心智包括：我们公司的高层管理者会与他们的下属员工分享他们的愿景；我们不怕质疑公司对于运营方式的各种假设；我们公司认为包容接纳各种不同的声音是很重要的；我们公司的主管鼓励员工能超越常规去思考；我们公司非常重视并高度评价原创性的观念/意见 5 个题项。这三个维度的内部一致性系数分别为 0. 732、0. 729 和 0. 729。

（四）创新行为的测量

学者们从各自研究的角度开发了各种员工创新进行测量，影响力较大的有 Oldham 和 Cumming（1996）研究得出的包含 30 个项目的创造性格量表（creative personality scale），Scott 和 Bruce （1994）设计的 6 个创新行为量表（innovation behavior），Tierney（1999）等根据 Ettli 等人的研究改编的含 9 个项目的员工创造力量表（employee creativity）以及 Zhou 等（2001）设计的含 13 个项目创造力量表（creativity）。同时，也有学者针对我国本土开发或编译了创造力相关的量表，周详（2013）等结合团队创造力的新近研究，得出包括团队成员的创造性工作能力、团队创造互动过程、团队工作的意义与价值、团队创新氛围 4 个维度、23 个项目的高校科研团队创造力量表。

本书采用黄致凯（2004）的量表，同时结合王雁飞和朱瑜（2012）的研究，将创新行为划分为"产生构想"和"执行构想"，共 8 个项目。其中，产生构想包括：我经常寻找机会改善工作方法与工作流程；我经常尝试采用新方法解决工作中出现的问题；我会从不同的角度来思考问题；我不放过一个了解和发现问题的机会 4 个题项。执行构想包括：我经常建议在公司中推行新的工作方法；我经常冒险去支持新的想法或创意；我经常会给同事们介绍一些新的工作方法；我经常检验新工作方法的有效性 4 个题项。这两个维度的内部一致性系数分别为 0. 791 和 0. 614。

二、数据分析

本研究以问卷调查的方法进行样本数据的收集，以电子邮件、网站发放为主，纸质问卷为辅。为了确保数据的严谨性，尽可能减少区域位置的影响，增强研究结论的普适性，本书选取来自多个地区、多种行业的150家企业作为样本。被调研的企业主要分布在华中和华北地区，部分企业分布在西北等地区，企业行业涉及服务业、生产制造业等。数据搜集工作从2019年10月中旬持续到2020年1月底，共发放问卷492份。按照以下标准筛选废卷：(1)缺选题项超过5题；(2)连续5个及以上题项选择相同；(3)同一家企业员工的问卷不超过3份。此外，在收回的问卷中，填报企业基本信息不全的有54份，相关题项未作答的问卷46份，这些问卷均在分析时被排除，最后得到402份有效问卷，有效问卷回收率达81.7%。

(一)问卷基本情况描述分析

本次调研共收回402份有效问卷。样本分布为：女性(51.7%)略多于男性(48.3%)；年龄上，主要集中在31~40岁人群，占到六成多(63.7%)，其次是21~30岁(24.6%)，以青年人群为主，在后续分析中，由于20岁及以下只有1人，将该年龄段合并到“21~30岁”中，即为“30岁及以下”；学历上，约有四分之三人群为本科学历(72.9%)，剩余基本为硕士及以上学历人群(24.4%)，高中及以下、大专及同等学历人数很少，后续将合并到本科学历人群中，即为“本科及以下”(见表5-1)。

职位上，以中层管理者(44%)和基层管理者(30.3%)为主，一般员工也有一定基数(21.6%)，高层管理者不足5%，后续分析将其合并到中层管理者，即为“中高层管理者”；工作年限上，一半是工作5~10年的人群(50.5%)，剩下的5年以下工作年限的年轻员工(22.4%)和10年以上的老员工(27.1%)约各占一半；月收入上，九成以上为5000元以上人群，其中10000元以上的占到三分之一(34.1%)。

表 5-1　　　　　　　　**样本各人口属性分布（N=402）**

		计数	列 N %
性别	男	194	48.3%
	女	208	51.7%
年龄段	20 岁及以下	1	0.2%
	21~30 岁	99	24.6%
	31~40 岁	256	63.7%
	40 岁以上	46	11.4%
学历	高中及以下	2	0.5%
	大专及同等学历	9	2.2%
	本科及同等学历	293	72.9%
	硕士及以上	98	24.4%
职位	高层管理者	16	4.0%
	中层管理者	177	44.0%
	基层管理者	122	30.3%
	一般员工	87	21.6%
在本企业的工作年限	5 年以下	90	22.4%
	5~10 年	203	50.5%
	10 年以上	109	27.1%
您的月收入	5000 元以下	31	7.7%
	5000~10000 元	234	58.2%
	10000 元以上	137	34.1%

（二）测量变量描述分析

本次研究共设计四份调查量表，分别为组织信任量表、知识分享量表、创新行为量表、组织学习量表。其中组织信任又分别包含系统信任、上级信任、同事信任三个子量表，知识分享包含知识分享意愿和知识分享能力两个子量表，创新行为包含产生构想和执行构想两个子量表，组织学习包含学习承诺、分享愿景、开放心智三个子量表。接下来分别对各原始量表中每个题项的数据分布、集中趋势、离散趋势通过描述分析进行初步了解，后续通过对每个量表信效度检验修订后再做深入分析。

1. 组织信任量表描述分析

在组织信任量表的 13 个题项中，大多数人选择了“基本同意”和“完全同意”两个选项，只在个别题项上的分布不完全相同。其中，系统信任中，“3. 我觉得公司对员工的承诺是真心实意的”的同意比例(69.4%)明显低于其他两个题项；上级信任中，“6. 我相信上级所说的话是诚实可信的”“7. 我相信上级会尽可能地考虑我的权益”“9. 我相信上级在任何时候都会支持我与协助我”也同样存在此特征，同意比例不足 65%；同事信任中，“12. 我相信同事对我的承诺与保证”同意的比例(68.6%)也明显低于其他题项。整体来看，系统信任的题项同意比例最高(见表 5-2)。

表 5-2 **组织信任量表描述分析结果(N=402)**

		完全不同意	基本不同意	中立	基本同意	完全同意
系统信任	1. 我认为公司是值得信赖的	1.0%	1.5%	8.0%	62.2%	27.4%
	2. 我觉得在公司的工作是有保障的	0.2%	2.0%	12.7%	43.5%	41.5%
	3. 我觉得公司对员工的承诺是真心实意的	1.2%	5.2%	24.1%	52.2%	17.2%
上级信任	4. 我相信公司能持续贯彻相关管理政策	1.0%	3.2%	16.9%	51.5%	27.4%
	5. 我相信上级会尽可能以公正的方式对待我	1.5%	4.2%	17.9%	50.0%	26.4%
	6. 我相信上级所说的话是诚实可信的	2.0%	7.0%	28.4%	41.0%	21.6%
	7. 我相信上级会尽可能地考虑我的权益	3.7%	12.2%	33.3%	33.1%	17.7%
	8. 我相信上级会以诚恳的态度对待员工的意见	1.5%	6.5%	21.4%	47.5%	23.1%
	9. 我相信上级在任何时候都会支持我与协助我	2.2%	16.4%	35.6%	30.6%	15.2%

续表

		完全不同意	基本不同意	中立	基本同意	完全同意
同事信任	10. 我充分相信同事们的工作能力	1.0%	4.5%	19.4%	47.8%	27.4%
	11. 当我工作忙时，我相信同事会帮助我	1.7%	5.7%	17.7%	45.5%	29.4%
	12. 我相信同事对我的承诺与保证	1.0%	6.2%	24.1%	48.0%	20.6%
	13. 当我工作困难时，我相信同事们会支援我	1.0%	3.7%	16.4%	50.7%	28.1%

将“完全不同意”到“完全同意”五个等级分别赋值为 1~5 分，并分别计算组织信任量表中 13 个题项的均值和标准差，得到如下结果(见表 5-3)：

表 5-3　　**组织信任量表各题项均值和标准差**

	性别				总计	
	男		女			
	平均值	标准差	平均值	标准差	平均值	标准差
1. 我认为公司是值得信赖的	4.16	0.708	4.11	0.687	4.13	0.697
2. 我觉得在公司的工作是有保障的	4.32	0.722	4.16	0.8	4.24	0.766
3. 我觉得公司对员工的承诺是真心实意的	3.85	0.804	3.73	0.854	3.79	0.831
4. 我相信公司能持续贯彻相关管理政策	4.08	0.791	3.94	0.832	4.01	0.814
5. 我相信上级会尽可能以公正的方式对待我	3.99	0.864	3.92	0.865	3.96	0.864
6. 我相信上级所说的话是诚实可信的	3.79	0.917	3.68	0.966	3.73	0.943
7. 我相信上级会尽可能地考虑我的权益	3.55	1.053	3.43	1.019	3.49	1.036
8. 我相信上级会以诚恳的态度对待员工的意见	3.94	0.914	3.75	0.886	3.84	0.903
9. 我相信上级在任何时候都会支持我与协助我	3.42	1.026	3.38	0.985	3.40	1.004
10. 我充分相信同事们的工作能力	4.03	0.842	3.90	0.871	3.96	0.858
11. 当我工作忙时，我相信同事会帮助我	3.97	0.907	3.93	0.943	3.95	0.925
12. 我相信同事对我的承诺与保证	3.89	0.832	3.74	0.895	3.81	0.867
13. 当我工作困难时，我相信同事们会支援我	4.02	0.814	4.00	0.843	4.01	0.828

所有题项中，“1. 我认为公司是值得信赖的”“2. 我觉得在公司的工作是有保障的”“4. 我相信公司能持续贯彻相关管理政策”“13. 当我工作困难时，我相信同事们会支援我”4 个题项同意程度最高，均值都在 4 分以上，且这 4 个题项的得分在人群之间的离散程度也相对最小，标准差都在 0. 85 以下；“7. 我相信上级会尽可能地考虑我的权益”“9. 我相信上级在任何时候都会支持我与协助我”这 2 个题项得分相对较低，平均值都在 3. 5 分以下，未达到同意的程度，且调查样本在这两个题项的意见上也差异最大，标准差均高于 1。总体来看，除了在“4. 我相信公司能持续贯彻相关管理政策”“10. 我充分相信同事们的工作能力”2 个题项，男性同意态度与女性之间存在较明显差异，男性比女性同意程度更高外，其他题项上男女之间的态度并没有较明显差异。

2. 知识分享量表描述分析

从知识分享量表的 10 个题项各答案分布比例来看，知识分享意愿在同意比例上相对知识分享能力上更高，知识分享能力上可能具有更高的门槛，“中立”被选的比例相对较高。具体题项上，“6. 我能快速地找到执行工作任务时所需要的知识”“10. 我可以快速地找到执行工作任务时所需要的特殊技巧”这 2 个题项相对最难实现，同意的比例均不足 75. 5%(见表 5-4)。

表 5-4　　**知识分享量表描述分析结果(N=402)**

		完全不同意	基本不同意	中立	基本同意	完全同意
知识分享意愿	1. 我乐意与他人分享自己的知识与经验	0. 5%	1. 0%	7. 5%	50. 7%	40. 3%
	2. 参与讨论时，我会尽可能提供自己的意见	0. 7%	2. 0%	14. 9%	44. 8%	37. 6%
	3. 对于同事提出的问题，我会尽可能地解答	0. 5%	1. 5%	10. 0%	48. 5%	39. 6%
	4. 同事需要帮助的时候，我会尽量提供他所需要的资料和文件	0. 5%	2. 2%	10. 0%	45. 0%	42. 3%
	5. 我认为与他人分享知识经验是一件很有成就感的事情	1. 0%	1. 5%	11. 7%	48. 3%	37. 6%

续表

		完全不同意	基本不同意	中立	基本同意	完全同意
知识分享能力	6. 我能快速地找到执行工作任务时所需要的知识	1.0%	2.7%	21.1%	47.5%	27.6%
	7. 我对新观点或新事物会采取接纳的态度	0.5%	2.2%	13.4%	49.8%	34.1%
	8. 我会以他人理解的方式表达我的意见	0.5%	1.2%	14.7%	50.0%	33.6%
	9. 我有能力分辨对于工作有价值的知识	0.5%	1.0%	10.7%	52.7%	35.1%
	10. 我可以快速地找到执行工作任务时所需要的特殊技巧	1.5%	4.7%	23.6%	52.2%	17.9%

根据上述知识分享量表中 10 个题项在各选项的比例分布上可知，“6. 我能快速地找到执行工作任务时所需要的知识”“10. 我可以快速地找到执行工作任务时所需要的特殊技巧”这 2 个题项相对较难，因此在综合得分上相对最低，未达到 4 分，并且这 2 个题项的标准差显示，人群中在这两项能力上差异也相对最大，有些人具有这样的能力，而有些人明显不具有这样的能力。其他 8 个题项的同意程度均在 4 分以上。在男女性别上，“1. 我乐意与他人分享自己的知识与经验”“2. 参与讨论时我会尽可能提供自己的意见”“3. 对于同事提出的问题我会尽可能地解答”这 3 个题项的差异相对较大，且均表现出男性的平均得分比女性的高 0.1 分以上，其他 7 个题项之间的差异均在 0.1 分以内(见表 5-5)。

表 5-5　　**知识分享量表各题项均值和标准差**

	性别				总计	
	男		女			
	平均值	标准差	平均值	标准差	平均值	标准差
1. 我乐意与他人分享自己的知识与经验	4.34	0.634	4.25	0.739	4.29	0.691
2. 参与讨论时我会尽可能提供自己的意见	4.22	0.753	4.11	0.847	4.16	0.804
3. 对于同事提出的问题我会尽可能地解答	4.34	0.695	4.17	0.761	4.25	0.733

续表

	性别				总计	
	男		女			
	平均值	标准差	平均值	标准差	平均值	标准差
4. 同事需要帮助的时候我会尽量提供他所需要的	4.28	0.716	4.25	0.814	4.26	0.767
5. 我认为与他人分享知识经验是很一件很有成就	4.23	0.762	4.17	0.792	4.20	0.777
6. 我能快速地找到执行工作任务时所需要的知识	4.02	0.833	3.94	0.826	3.98	0.829
7. 我对新观点或新事物会采取接纳的态度	4.21	0.790	4.09	0.744	4.15	0.768
8. 我会以他人理解的方式表达我的意见	4.10	0.768	4.19	0.723	4.15	0.746
9. 我有能力分辨对于工作有价值的知识	4.26	0.656	4.16	0.750	4.21	0.707
10. 我可以快速地找到执行工作任务时所需要的特殊技巧	3.77	0.821	3.83	0.854	3.80	0.838

3. 创新行为量表描述分析

创新行为量表的 8 个题项的分布上，产生构想的 4 个题项的同意比例明显高于执行构想。尤其是执行构想中“5. 我经常建议在公司中推行新的工作方法”“6. 我经常冒险去支持新的想法或创意”“7. 我经常会给同事们介绍一些新的工作方法”这 3 个题项，同意比例不足 70%，前两个题项甚至不足 50%，在不同意的比例上约接近 30%。可见，在执行构想上的难度相对产生构想更加困难(见表 5-6)。

表 5-6 **创新行为量表描述分析结果(*N*=402)**

		完全不同意	基本不同意	中立	基本同意	完全同意
产生构想	1. 我经常寻找机会改善工作方法与工作流程	1.0%	4.5%	16.9%	50.7%	26.9%
	2. 我经常尝试采用新方法解决工作中出现的问题	0.7%	6.0%	20.6%	45.5%	27.1%
	3. 我会从不同的角度来思考问题	0.7%	2.0%	14.4%	47.0%	35.8%
	4. 我不放过了解和发现问题的机会	1.2%	4.2%	19.9%	45.0%	29.6%

续表

		完全不同意	基本不同意	中立	基本同意	完全同意
执行构想	5. 我经常建议在公司中推行新的工作方法	4.5%	16.2%	27.4%	34.3%	17.7%
	6. 我经常冒险去支持新的想法或创意	6.5%	22.4%	30.1%	27.1%	13.9%
	7. 我经常会给同事们介绍一些新的工作方法	3.0%	10.2%	21.6%	44.0%	21.1%
	8. 我经常检验新工作方法的有效性	1.0%	5.5%	17.9%	48.8%	26.9%

创新行为量表的8个题项上的得分在男女之间差异并不明显，差异程度均在0.1分以下。各题项总得分上，只有“3 我会从不同的角度来思考问题”这一题项的均值在4分以上，且大多数人群在4分左右，人群间在该题项得分差异相对最小(见表5-7)。

表5-7　　　　**创新行为量表各题项均值和标准差**

	性别				总计	
	男		女			
	平均值	标准差	平均值	标准差	平均值	标准差
1. 我经常寻找机会改善工作方法与工作流程	3.99	0.933	3.97	0.748	3.98	0.841
2. 我经常尝试采用新方法解决工作中出现的问题	3.93	0.896	3.92	0.873	3.92	0.883
3. 我会从不同的角度来思考问题	4.16	0.748	4.14	0.833	4.15	0.792
4. 我不放过了解和发现问题的机会	4.00	0.876	3.95	0.889	3.98	0.882
5. 我经常建议在公司中推行新的工作方法	3.44	1.133	3.45	1.057	3.45	1.093
6. 我经常冒险去支持新的想法或创意	3.15	1.159	3.24	1.102	3.20	1.129
7. 我经常会给同事们介绍一些新的工作方法	3.67	1.040	3.73	0.980	3.70	1.009
8. 我经常检验新工作方法的有效性	3.99	0.836	3.91	0.899	3.95	0.869

4. 组织学习量表描述分析

组织学习量表的14个题项中，同意比例非常接近。只有“1. 我们主管认为公司的学习能力对建立我们的竞争优势非常重要”“4. 我们公司认为学习是公司生存的必要保障”这 2 个题项的同意比例略高于 80%外，其他题项的同意比例基本集中在 60%左右。总体来看，各题项回答比例分布上，差异主要体现在“中立”态度上，有的题项该选项只有 10%以下的比例，而有的题项在该选项的比例高达 30%左右(见表 5-8)。

表 5-8 **组织学习量表描述分析结果(*N*=402)**

		完全不同意	基本不同意	中立	基本同意	完全同意
学习承诺	1. 我们主管认为公司的学习能力对建立我们的竞争优势非常重要	0. 7%	2. 7%	7. 5%	57. 0%	32. 1%
	2. 将学习视为改进的主要方法是我们公司的基本价值观之一	0. 7%	3. 0%	17. 7%	42. 8%	35. 8%
	3. 我们公司将员工的学习视为一项投资而不是成本费用	2. 0%	7. 2%	22. 1%	43. 3%	25. 4%
	4. 我们公司认为学习是公司生存的必要保障	1. 2%	3. 5%	12. 2%	47. 3%	35. 8%
	5. “一旦我们停止学习，我们的未来就会有危险”是我们公司的共识	1. 5%	5. 5%	16. 9%	41. 8%	34. 3%
分享愿景	6. 我们对公司定位以及未来发展的概念有清楚的界定和表述	1. 0%	4. 5%	17. 7%	47. 5%	29. 4%
	7. 我们公司中每个层级和部分都有一个共同的组织愿景	1. 7%	6. 0%	24. 1%	41. 5%	26. 6%
	8. 我们公司的所有员工都承诺：要为公司的目标而努力工作	1. 2%	4. 2%	20. 1%	41. 0%	33. 3%
	9. 我们公司的每个员工都觉得他们对公司未来的发展负有责任	1. 2%	6. 7%	26. 6%	44. 5%	20. 9%
	10. 我们公司的高层管理者会与他们的下属员工分享他们的愿景	1. 5%	6. 7%	18. 2%	43. 5%	30. 1%

续表

		完全不同意	基本不同意	中立	基本同意	完全同意
开放心智	11. 我们不怕质疑公司对于运营方式的各种假设	1.7%	8.2%	27.1%	46.8%	16.2%
	12. 我们公司认为包容接纳各种不同的声音是很重要的	2.0%	5.5%	17.4%	42.5%	32.6%
	13. 我们公司的主管鼓励员工能超越常规去思考	1.7%	8.2%	17.9%	41.3%	30.8%
	14. 我们公司非常重视并高度评价原创性的观念/意见	1.0%	4.2%	16.4%	47.8%	30.6%

组织学习量表的 14 个题项中，男女之间的差异不明显。总体上来看，“2. 将学习视为改进的主要方法是我们公司的基本价值观之一”“4. 我们公司认为学习是公司生存的必要保障”两个题项在性别上的差异相对较高，表现出男性比女性同意程度略高，但差异程度也在 0.1 分以下。“11. 我们不怕质疑公司对于运营方式的各种假设”的得分相对最低（3.67 分），不足 4 分，但仍然在 3.5 分以上。分值最高的题项“1. 我们主管认为公司的学习能力对建立我们的竞争优势非常重要”达到 4.17 分，基本表现出绝大多数人是比较同意的态度（见表 5-9）。

表 5-9　**组织学习量表各题项均值和标准差**

	性别				总计	
	男		女			
	平均值	标准差	平均值	标准差	平均值	标准差
1. 我们主管认为公司的学习能力对建立我们的竞争优势非常重要	4.19	0.727	4.15	0.750	4.17	0.738
2. 将学习视为改进的主要方法是我们公司的基本价值观之一	4.15	0.848	4.05	0.841	4.10	0.845
3. 我们公司将员工的学习视为一项投资而不是成本费用	3.86	0.976	3.80	0.940	3.83	0.957

续表

	性别				总计	
	男		女			
	平均值	标准差	平均值	标准差	平均值	标准差
4. 我们公司认为学习是公司生存的必要保障	4.17	0.844	4.09	0.849	4.13	0.846
5. “一旦我们停止学习，我们的未来就会有危险”是我们公司的共识	4.07	0.911	3.98	0.950	4.02	0.931
6. 我们对公司定位以及未来发展的概念有清楚的界定和表述	4.05	0.841	3.95	0.878	4.00	0.861
7. 我们公司中每个层级和部分都有一个共同的组织愿望	3.83	0.980	3.88	0.903	3.85	0.940
8. 我们公司的所有员工都承诺要为公司的目标而努力工作	4.01	0.893	4.01	0.917	4.01	0.904
9. 我们公司的每个员工都觉得他们对公司未来的发展负有责任	3.78	0.919	3.76	0.879	3.77	0.897
10. 我们公司的高层管理者会与他们的下属员工分享他们的愿望	4.03	0.960	3.86	0.916	3.94	0.940
11. 我们不怕质疑公司对于运营方式的各种假设	3.69	0.954	3.66	0.853	3.67	0.902
12. 我们公司认为包容接纳各种不同的声音是很重要的	4.02	0.963	3.95	0.936	3.98	0.949
13. 我们公司的主管鼓励员工能超越常规去思考	3.92	1.053	3.90	0.917	3.91	0.984
14. 我们公司非常重视并高度评价原创性的观念/意见	4.06	0.914	4.00	0.796	4.03	0.854

三、测量变量信效度检验

如前所述，本次研究共有四大量表，分别为组织信任量表、知识分享量表、创新行为量表、组织学习量表。该部分将逐个对它们进行信效度检验。其中效度检验分别通过探索性（SPSS25.0）和验证性因子分析（AMOS21.0）来检验，信度检验通过克朗巴哈内部一致性系数来检验(SPSS25.0)。

(一)组织信任量表

经过探索性因子分析(Exploratory Factor Analysis，EFA)后，共提取三个因子，所有题项因子载荷值有且只有一个大于0.5，不需要删除题项。KMO值为0.921，完全符合因子分析的前提条件。三个因子包含的题项与原始量表设计完全相符。OT1～OT4为系统信任，OT5～OT9为上级信任，OT10～OT13为同事信任。三个因子的特征值分别为2.919、2.452和2.282，对应的方差贡献率分别为22.452、18.861和17.550(见表5-10)。

表5-10　**组织信任量表探索性因子分析**

	题项	因子		
		1	2	3
上级信任	OT7	0.791		
	OT9	0.785		
	OT6	0.648		
	OT8	0.575		
	OT5	0.565		
同事信任	OT13		0.803	
	OT11		0.731	
	OT10		0.673	
	OT12		0.656	
系统信任	OT1			0.761
	OT2			0.668
	OT4			0.613
	OT3			0.554
特征值		2.919	2.452	2.282
方差贡献率		22.452	18.861	17.550

对上述题项再进行验证性因子分析(CFA)，结果显示第二个题项 OT2 的标准化因子载荷值(0.5)明显小于 0.6，不具有理想的收敛效度，需要剔除。删除后再做验证性因子分析，各题项的标准化因子载荷值基本在 0.6 以上或非常接近 0.6，各题项的残差之间也不存在明显相关性。根据 CMIN/DF = 1.544、RMR = 0.025、GFI = 0.968、CFI = 0.984、RMSEA = 0.037 可知结果非常理想。系统信任、上级信任、同事信任三个变量的平均方差提取(AVE)均大于 0.36，组合信度值均在 0.6 以上，内部一致性系数均高于 0.7，说明组织信任量表各题项具有理想的收敛效度。

另外，系统信任、上级信任、同事信任三个变量间的相关系数分别为 0.87(上级信任与系统信任)、0.67(上级信任与同事信任)、0.64(同事信任与系统信任)，它们的均方基本小于三个变量的 AVE 值，因此可以认为组织信任量表具有较好的区分效度(见表 5-11、图 5-1)。

表 5-11　　组织信任量表验证性因子分析和信度检验

	题项	标准化因子载荷	AVE	组合信度 C. R.	Cronbach α
系统信任	OT1	0.677	0.486	0.739	0.734
	OT3	0.748			
	OT4	0.664			
上级信任	OT5	0.706	0.498	0.832	0.829
	OT6	0.730			
	OT7	0.756			
	OT8	0.699			
	OT9	0.632			
同事信任	OT10	0.566	0.451	0.765	0.758
	OT11	0.662			
	OT12	0.683			
	OT13	0.761			

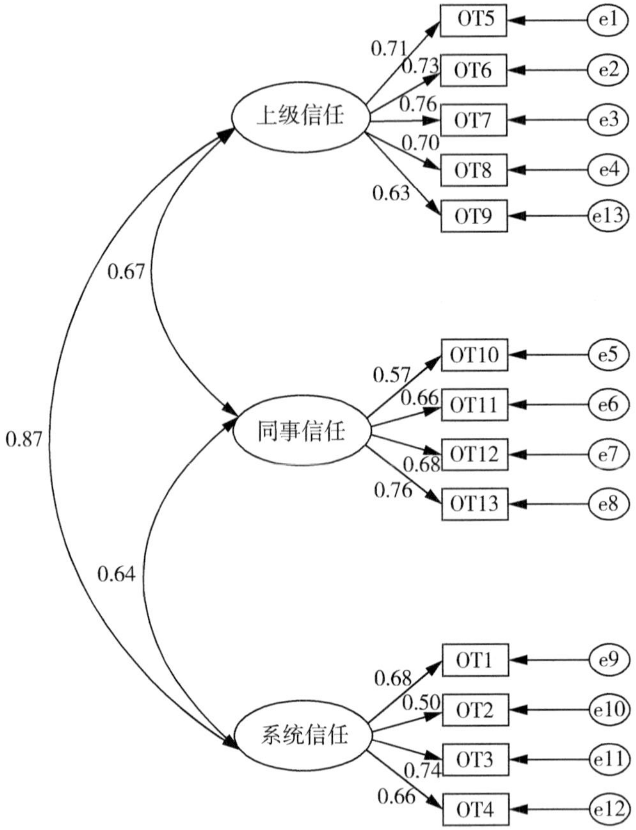

图 5-1　组织信任量表验证性因子分析

(二)知识分享量表

经过探索性因子分析后发现，KS7(0.373)、KS8(0.453)在所有因子上的载荷值均小于0.5，不具有理想的收敛效度，需删除。再做探索性因子分析共提取两个因子，所有题项的因子载荷值有且只有一个大于0.5，不需要删除题项。KMO值为0.779，完全符合因子分析的前提条件。两个因子包含的题项与原始量表设计稍有不同。KS1、KS3～KS5四个题项为知识分享意愿，KS2、KS6、KS9、KS10四个题项为知识分享能力。两个因子的特征值分别为2.149和1.958，对应的方差贡献率分别为26.862和24.473(见表5-12)。

表 5-12 **知识分享量表探索性因子分析**

	题项	因子	
		1	2
知识分享意愿	KS1	0.758	
	KS3	0.719	
	KS4	0.683	
	KS5	0.647	
知识分享能力	KS6		0.804
	KS10		0.791
	KS9		0.545
	KS2		0.536
特征值		2.149	1.958
方差贡献率		26.862	24.473

对上述题项再进行验证性因子分析(CFA)后，结果显示第二个题项 KS2 的标准化因子载荷值(0.467)明显小于 0.6，不具有理想的收敛效度，需要剔除。另外，第九个题项 KS9 的标准化因子载荷值(0.512)也明显小于 0.6，更重要的是，其残差与 KS5 的残差具有很高的相关性，因此需要删除。删除后再做验证性因子分析，各题项的标准化因子载荷值基本在 0.6 以上或非常接近 0.6，各题项的残差之间也不存在明显相关性。根据 CMIN/DF = 1.663、RMR = 0.015、GFI = 0.989、CFI = 0.987、RMSEA = 0.041 可知结果非常理想。知识分享意愿、知识分享能力两个变量的平均方差提取(AVE)均大于 0.36，组合信度值均在 0.6 以上，内部一致性系数小于 0.7，但接近 0.7，依然可以接受，整体说明知识分享量表各题项具有理想的收敛效度。

知识分享意愿与知识分享能力两个变量间的相关系数为 0.48，其均方明显小于两个变量的 AVE 值，因此可以认为知识分享量表具有较好的区分效度(见表 5-13，图 5-2)。

表 5-13　　　　知识分享量表验证性因子分析和信度检验

	题项	标准化因子载荷	AVE	组合信度 C. R.	Cronbach α
知识分享意愿	KS1	0. 706	0. 523	0. 814	0. 695
	KS3	0. 730			
	KS4	0. 756			
	KS5	0. 699			
知识分享能力	KS6	0. 751	0. 491	0. 658	0. 654
	KS10	0. 647			

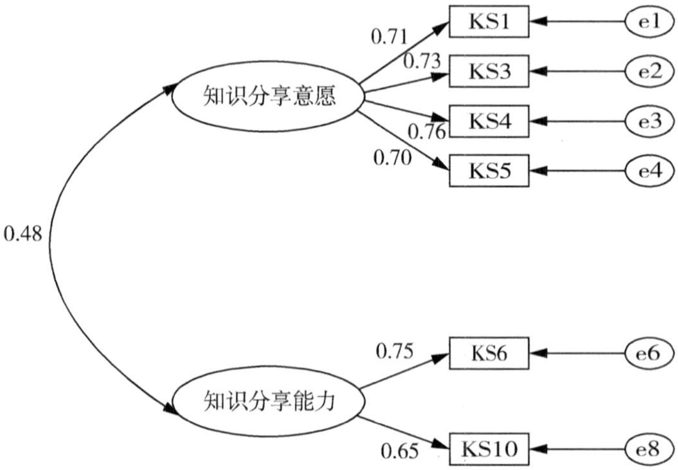

图 5-2　知识分享量表验证性因子分析

(三)创新行为量表

经过探索性因子分析后发现，所有题项的因子载荷值有且只有一个大于 0. 5，不需要删除题项。共提取出两个因子，KMO 值为 0. 865，完全符合因子分析的前提条件。两个因子包含的题项与原始量表设计稍有不同。IB1、IB2、IB5 ~ IB8 六个题项为执行构想，IB3、IB4 两个题项为产生构想。两个因子的特征值分别为 3. 212 和 1. 548，对应的方差贡献率分别为 40. 146 和 19. 355(见表 5-14)。

表 5-14　　创新行为量表探索性因子分析

	题项	因子 1	因子 2
执行构想	IB5	0. 844	
	IB6	0. 770	
	IB7	0. 764	
	IB2	0. 659	
	IB8	0. 644	
	IB1	0. 596	
产生构想	IB3		0. 875
	IB4		0. 682
特征值		3. 212	1. 548
方差贡献率		40. 146	19. 355

对上述题项再进行验证性因子分析(CFA)，结果显示第五个题项 IB5 的残差与其他多个题项的残差具有很高的相关性，因此需要删除。删除后再做验证性因子分析，各题项的标准化因子载荷值基本在 0. 6 以上，各题项的残差之间也不存在明显相关性。根据 CMIN/DF = 2. 467、RMR = 0. 027、GFI = 0. 977、CFI = 0. 972、RMSEA = 0. 060 可知结果非常理想。执行构想和产生构想两个变量的平均方差提取(AVE)均大于 0. 36，组合信度值也基本满足要求。整体上创新行为量表各题项具有理想的收敛效度。

产生构想和执行构想两个变量间的相关系数为 0. 69，其均方略大于两个变量的 AVE 值，可以接受，表明该量表具有一定的区分效度(见表 5-15、图5-3)。

表 5-15　　创新行为量表验证性因子分析和信度检验

	题项	标准化因子载荷	AVE	组合信度 C. R.	Cronbach α
执行构想	IB1	0. 623	0. 439	0. 796	0. 791
	IB2	0. 641			
	IB6	0. 641			
	IB7	0. 732			
	IB8	0. 672			
产生构想	IB3	0. 473	0. 383	0. 542	0. 614
	IB4	0. 736			

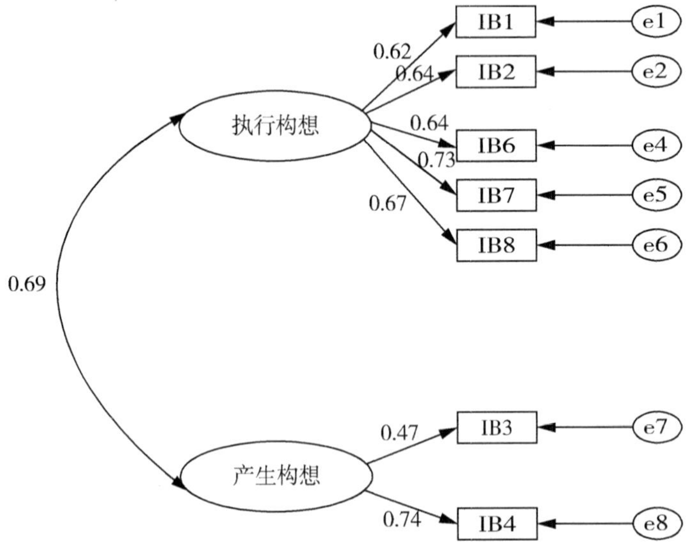

图 5-3　创新行为量表验证性因子分析

(四)组织学习量表

经过探索性因子分析后发现，OL2(0.449)、OL10(0.458)、OL11(0.470)三个题项在所有因子上的载荷值均小于0.5，不具有理想的收敛效度，需删除。OL1在两个因子上的载荷值同时非常接近0.5，属于跨因子现象，不具有区分效度，需删除。删除后再做探索性因子分析，所有题项的因子载荷值有且只有一个大于0.5，不需要删除题项。共提取出三个因子，KMO值为0.899，完全符合因子分析的前提条件。三个因子包含的题项与原始量表设计稍有不同。OL6～OL9四个题项为分享愿景，OL12～OL14三个题项为开放心智，OL3～OL5三个题项为学习承诺。三个因子的特征值分别为2.225、2.009和1.997，对应的方差贡献率分别为22.250、20.091和19.973(见表5-16)。

表 5-16　　组织学习量表探索性因子分析

	题项	因子		
		1	2	3
分享愿景	OL8	0.819		
	OL7	0.675		
	OL9	0.607		
	OL6	0.566		
开放心智	OL14		0.783	
	OL12		0.722	
	OL13		0.684	
学习承诺	OL5			0.824
	OL4			0.748
	OL3			0.625
特征值		2.225	2.009	1.997
方差贡献率		22.250	20.091	19.973

对上述题项再进行验证性因子分析(CFA)，结果显示各题项的标准化因子载荷值基本在 0.6 以上，且各题项的残差之间也不存在明显相关性。根据 CMIN/DF = 2.101、RMR = 0.030、GFI = 0.968、CFI = 0.971、RMSEA = 0.052 可知结果非常理想。分享愿景、开放心智、学习承诺三个变量的平均方差提取(AVE)均大于 0.36，组合信度值均在 0.6 以上，内部一致性系数均高于 0.7，都说明组织信任量表各题项具有理想的收敛效度。

另外，分享愿景、开放心智、学习承诺三个变量间的相关系数分别为 0.83(开放心智与分享愿景)、0.78(开放心智与学习承诺)、0.78(学习承诺与分享愿景)，它们的均方略高于三个变量的 AVE 值，可以接受。因此可以认为组织学习量表具有一定的区分效度(见表 5-17、图 5-4)。

表 5-17　　组织学习量表验证性因子分析和信度检验

	题项	标准化因子载荷	AVE	组合信度 C. R.	Cronbach α
开放心智	OL13	0. 678	0. 481	0. 736	0. 732
	OL12	0. 698			
	OL14	0. 705			
学习承诺	OL3	0. 698	0. 475	0. 731	0. 729
	OL4	0. 710			
	OL5	0. 659			
分享愿景	OL7	0. 649	0. 401	0. 728	0. 729
	OL8	0. 607			
	OL9	0. 607			
	OL6	0. 668			

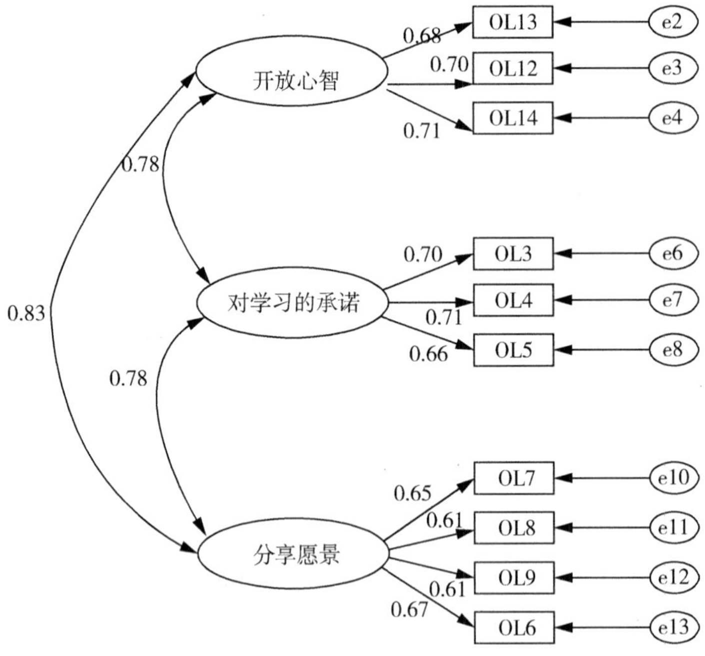

图 5-4　组织学习量表验证性因子分析

四、测量变量的差异检验

经过上述各测量变量的信效度检验后，分别得到各量表最终确定的题项，进而计算得到各变量的综合得分。再进一步对这些变量在人口统计学属性的差异进行逐个检验。本节通过独立样本 T 检验和方差检验法，主要研究组织信任、知识分享、创新行为、组织学习四个变量及各个自变量在性别、年龄、学历、职位、在本企业的工作年限、月收入六个人口统计学属性上的差异，进而判断是否将人口统计学属性作为控制变量加入后续分析模型中。

(一)测量变量在性别上的差异检验

如表 5-18 所示，在 0. 05 显著性水平下，组织信任、知识分享、创新行为和组织学习各变量在男女得分上均没有显著差异($p>0.05$)。系统信任和组织信任虽然在 0. 1 显著性水平下存在一定的差异，但男女间的差异程度较小，均在 0. 1 分以下。

表 5-18　　各测量变量在性别上的差异检验

	性别	N	平均值	标准差	t	p
上级信任	男	194	3. 74	0. 740	1. 401	0. 162
	女	208	3. 63	0. 727		
同事信任	男	194	3. 98	0. 626	1. 268	0. 206
	女	208	3. 89	0. 694		
系统信任	男	194	4. 03	0. 607	1. 688	0. 092
	女	208	3. 93	0. 654		
组织信任	男	194	3. 89	0. 556	1. 679	0. 094
	女	208	3. 79	0. 602		
知识分享意愿	男	194	4. 30	0. 490	1. 562	0. 119
	女	208	4. 21	0. 575		

续表

	性别	N	平均值	标准差	t	p
知识分享能力	男	194	3.90	0.729	0.138	0.891
	女	208	3.89	0.711		
知识分享	男	194	4.16	0.458	1.202	0.230
	女	208	4.10	0.521		
执行构想	男	194	3.75	0.719	-0.078	0.938
	女	208	3.75	0.690		
产生构想	男	194	4.08	0.671	0.463	0.644
	女	208	4.05	0.704		
创新行为	男	194	3.84	0.613	0.084	0.933
	女	208	3.84	0.623		
开放心智	男	194	4.00	0.796	0.662	0.508
	女	208	3.95	0.707		
学习承诺	男	194	4.03	0.738	1.012	0.312
	女	208	3.96	0.732		
分享愿景	男	194	3.92	0.656	0.276	0.782
	女	208	3.90	0.683		
组织学习	男	194	3.98	0.616	0.736	0.462
	女	208	3.93	0.598		

（二）测量变量在年龄上的差异检验

如表5-19所示，在0.05显著性水平下，组织信任、知识分享、创新行为和组织学习各变量在各年龄上的得分同样均没有显著差异（$p>0.05$）。知识分享意愿和知识分享能力虽然在0.1显著性水平下存在一定的差异，但彼此各年龄段之间的差异程度也均在0.1分以下。

表 5-19　　各测量变量在年龄上的差异检验

	年龄	*N*	平均值	标准差	*F*	显著性
上级信任	30 岁及以下	100	3.72	0.614	1.368	0.256
	31~40 岁	256	3.70	0.762		
	40 岁以上	46	3.52	0.804		
同事信任	30 岁及以下	100	3.98	0.570	0.295	0.745
	31~40 岁	256	3.92	0.701		
	40 岁以上	46	3.92	0.637		
系统信任	30 岁及以下	100	3.93	0.614	0.340	0.712
	31~40 岁	256	3.99	0.641		
	40 岁以上	46	4.01	0.634		
组织信任	30 岁及以下	100	3.86	0.504	0.347	0.707
	31~40 岁	256	3.85	0.610		
	40 岁以上	46	3.78	0.584		
知识分享意愿	30 岁及以下	100	4.34	0.440	2.603	0.075
	31~40 岁	256	4.21	0.566		
	40 岁以上	46	4.32	0.544		
知识分享能力	30 岁及以下	100	3.76	0.760	2.485	0.085
	31~40 岁	256	3.95	0.700		
	40 岁以上	46	3.87	0.703		
知识分享	30 岁及以下	100	4.15	0.442	0.252	0.777
	31~40 岁	256	4.12	0.503		
	40 岁以上	46	4.17	0.538		
执行构想	30 岁及以下	100	3.75	0.651	0.091	0.913
	31~40 岁	256	3.76	0.721		
	40 岁以上	46	3.71	0.727		

续表

	年龄	N	平均值	标准差	F	显著性
产生构想	30 岁及以下	100	4.08	0.629	0.918	0.400
	31~40 岁	256	4.04	0.701		
	40 岁以上	46	4.18	0.733		
创新行为	30 岁及以下	100	3.85	0.575	0.010	0.990
	31~40 岁	256	3.84	0.632		
	40 岁以上	46	3.84	0.636		
开放心智	30 岁及以下	100	4.03	0.658	1.558	0.212
	31~40 岁	256	3.99	0.746		
	40 岁以上	46	3.80	0.936		
学习承诺	30 岁及以下	100	4.08	0.689	1.240	0.291
	31~40 岁	256	3.95	0.742		
	40 岁以上	46	4.03	0.788		
分享愿景	30 岁及以下	100	3.94	0.596	0.131	0.877
	31~40 岁	256	3.90	0.699		
	40 岁以上	46	3.92	0.663		
组织学习	30 岁及以下	100	4.01	0.525	0.552	0.576
	31~40 岁	256	3.94	0.627		
	40 岁以上	46	3.92	0.659		

（三）测量变量在学历上的差异检验

如表 5-20 所示，在 0.05 显著性水平下，在组织信任、知识分享、创新行为和组织学习各变量中，只有创新行为及产生构想在学历上的得分存在显著差异（$p<0.05$），其他变量均没有显著差异（$p>0.05$）。创新行为中的产生构想表现为本科及以下学历人群得分更低（4.02），创新行为整体得分上，也是学历越高，得分越高。另外，创新行为中的执行构想，在 0.1 显著性水平下，也表现为硕士及以上学历人群的得分更高($p<0.1$)。

表 5-20　**各测量变量在学历上的差异检验**

	学历	N	平均值	标准差	t	p
上级信任	本科及以下	304	3.69	0.716	0.291	0.771
	硕士及以上	98	3.67	0.792		
同事信任	本科及以下	304	3.94	0.640	0.478	0.633
	硕士及以上	98	3.91	0.732		
系统信任	本科及以下	304	3.97	0.646	−0.525	0.600
	硕士及以上	98	4.01	0.592		
组织信任	本科及以下	304	3.84	0.571	0.192	0.848
	硕士及以上	98	3.83	0.617		
知识分享意愿	本科及以下	304	4.25	0.530	−0.231	0.818
	硕士及以上	98	4.26	0.560		
知识分享能力	本科及以下	304	3.88	0.732	−0.340	0.734
	硕士及以上	98	3.91	0.677		
知识分享	本科及以下	304	4.13	0.492	−0.333	0.739
	硕士及以上	98	4.15	0.495		
执行构想	本科及以下	304	3.71	0.725	−1.935	0.054
	硕士及以上	98	3.87	0.619		
产生构想	本科及以下	304	4.02	0.696	−2.084	0.038*
	硕士及以上	98	4.19	0.648		
创新行为	本科及以下	304	3.80	0.635	−2.241	0.026*
	硕士及以上	98	3.96	0.545		
开放心智	本科及以下	304	3.96	0.776	−0.544	0.587
	硕士及以上	98	4.01	0.671		
学习承诺	本科及以下	304	3.97	0.758	−1.170	0.243
	硕士及以上	98	4.07	0.654		

续表

	学历	N	平均值	标准差	t	p
分享愿景	本科及以下	304	3.90	0.697	-0.567	0.571
	硕士及以上	98	3.94	0.576		
组织学习	本科及以下	304	3.94	0.632	-0.877	0.381
	硕士及以上	98	4.00	0.519		

注：* 表示 $p<0.05$，** 表示 $p<0.01$，*** 表示 $p<0.001$，下同。

（四）测量变量在职位上的差异检验

如表 5-21 所示，在 0.05 显著性水平下，组织信任、知识分享、创新行为和组织学习各变量的大多数得分都在职位上存在非常显著的差异（$p<0.05$）。

表 5-21　　**各测量变量在职位上的差异检验**

	职位	N	平均值	标准差	F	p
上级信任	中高层管理者	193	3.76	0.680	8.348	0.000***
	基层管理者	122	3.76	0.665		
	一般员工	87	3.40	0.870		
同事信任	中高层管理者	193	3.92	0.660	2.451	0.088
	基层管理者	122	4.03	0.592		
	一般员工	87	3.83	0.746		
系统信任	中高层管理者	193	4.02	0.595	10.318	0.000***
	基层管理者	122	4.09	0.549		
	一般员工	87	3.72	0.750		
组织信任	中高层管理者	193	3.88	0.561	8.174	0.000***
	基层管理者	122	3.93	0.498		
	一般员工	87	3.63	0.681		

续表

	职位	N	平均值	标准差	F	p
知识分享意愿	中高层管理者	193	4. 18	0. 562	4. 382	0. 013*
	基层管理者	122	4. 36	0. 430		
	一般员工	87	4. 26	0. 591		
知识分享能力	中高层管理者	193	3. 98	0. 698	3. 172	0. 043*
	基层管理者	122	3. 82	0. 704		
	一般员工	87	3. 79	0. 765		
知识分享	中高层管理者	193	4. 11	0. 509	0. 864	0. 422
	基层管理者	122	4. 18	0. 403		
	一般员工	87	4. 10	0. 562		
执行构想	中高层管理者	193	3. 84	0. 646	3. 531	0. 030*
	基层管理者	122	3. 72	0. 720		
	一般员工	87	3. 60	0. 777		
产生构想	中高层管理者	193	4. 13	0. 696	2. 288	0. 103
	基层管理者	122	4. 04	0. 659		
	一般员工	87	3. 95	0. 699		
创新行为	中高层管理者	193	3. 92	0. 549	4. 057	0. 018*
	基层管理者	122	3. 81	0. 636		
	一般员工	87	3. 70	0. 707		
开放心智	中高层管理者	193	4. 03	0. 735	5. 382	0. 005**
	基层管理者	122	4. 05	0. 630		
	一般员工	87	3. 74	0. 892		
学习承诺	中高层管理者	193	4. 01	0. 723	0. 252	0. 778
	基层管理者	122	3. 99	0. 723		
	一般员工	87	3. 95	0. 782		
分享愿景	中高层管理者	193	3. 95	0. 653	5. 857	0. 003**
	基层管理者	122	3. 99	0. 608		
	一般员工	87	3. 70	0. 746		

续表

	职位	N	平均值	标准差	F	p
组织学习	中高层管理者	193	3.99	0.591	4.356	0.013*
	基层管理者	122	4.01	0.533		
	一般员工	87	3.79	0.707		

注：* 表示 $p<0.05$，** 表示 $p<0.01$，*** 表示 $p<0.001$。

在组织信任上，上级信任、系统信任和组织信任本身均表现出管理者的得分明显高于一般员工，而中高层管理者与一般员工并没有显著差异。另外，不同职位的人在同事信任上并没有较显著的差异，这充分表明岗位决定了思考方式，管理者和一般员工在对上级和公司的信任是存在非常典型区别的。

在知识分享上，不同职位人群在知识分享意愿和知识分享能力上均存在显著差异($p<0.05$)，但在知识分享总体上并不存在显著差异($p>0.05$)。这种奇异结果是因为不同职位人群在知识分享意愿上表现出中高层管理者意愿最低，而在知识分享能力上则恰恰相反，因此将两者得分综合起来，抵消了各职位人群之间的差异。该结果反映出有能力的人分享意愿不足，分享能力不足的人分享意愿却较高。

在创新行为上，以及其中的执行构想，均表现出管理岗位越高，得分越高。这有可能和他们的知识分享能力有关，能力越强的人可能越具有创新行为。

在组织学习上，除学习承诺不存在差异外，其他变量均存在非常显著的差异($p<0.05$)，均表现出管理者高于一般员工，而中高层管理者与基层管理者之间并不存在明显差异。

(五)测量变量在本企业的工作年限上的差异检验

如表 5-22 所示，在 0.05 显著性水平下，组织信任、知识分享、创新行为和组织学习各变量基本在本企业的工作年限上存在非常显著的差异($p<0.05$)。

表 5-22　　各测量变量在本企业的工作年限上的差异检验

	工作年限	N	平均值	标准差	F	p
上级信任	5 年以下	90	3. 50	0. 782	4. 129	0. 017*
	5~10 年	203	3. 76	0. 679		
	10 年以上	109	3. 70	0. 770		
同事信任	5 年以下	90	3. 82	0. 753	1. 839	0. 160
	5~10 年	203	3. 95	0. 646		
	10 年以上	109	3. 99	0. 607		
系统信任	5 年以下	90	3. 71	0. 779	11. 216	0. 000***
	5~10 年	203	4. 07	0. 578		
	10 年以上	109	4. 03	0. 533		
组织信任	5 年以下	90	3. 66	0. 666	6. 004	0. 003**
	5~10 年	203	3. 90	0. 551		
	10 年以上	109	3. 88	0. 535		
知识分享意愿	5 年以下	90	4. 27	0. 626	2. 642	0. 072
	5~10 年	203	4. 20	0. 524		
	10 年以上	109	4. 34	0. 470		
知识分享能力	5 年以下	90	3. 65	0. 853	6. 831	0. 001**
	5~10 年	203	3. 97	0. 659		
	10 年以上	109	3. 94	0. 666		
知识分享	5 年以下	90	4. 06	0. 610	2. 287	0. 103
	5~10 年	203	4. 12	0. 455		
	10 年以上	109	4. 21	0. 442		
执行构想	5 年以下	90	3. 54	0. 801	5. 157	0. 006**
	5~10 年	203	3. 82	0. 627		
	10 年以上	109	3. 79	0. 725		
产生构想	5 年以下	90	3. 87	0. 749	4. 927	0. 008**
	5~10 年	203	4. 11	0. 632		
	10 年以上	109	4. 14	0. 711		

续表

	工作年限	N	平均值	标准差	F	p
创新行为	5 年以下	90	3.64	0.727	6.476	0.002**
	5~10 年	203	3.90	0.525		
	10 年以上	109	3.89	0.648		
开放心智	5 年以下	90	3.81	0.858	3.224	0.041*
	5~10 年	203	4.05	0.666		
	10 年以上	109	3.97	0.790		
学习承诺	5 年以下	90	3.83	0.870	3.124	0.045*
	5~10 年	203	4.03	0.695		
	10 年以上	109	4.07	0.668		
分享愿景	5 年以下	90	3.71	0.783	5.909	0.003**
	5~10 年	203	4.00	0.606		
	10 年以上	109	3.90	0.650		
组织学习	5 年以下	90	3.78	0.724	5.350	0.005**
	5~10 年	203	4.02	0.547		
	10 年以上	109	3.97	0.582		

注：* 表示 $p<0.05$，** 表示 $p<0.01$，*** 表示 $p<0.001$。

在组织信任上，上级信任、系统信任和组织信任本身均表现出工作年限在 5 年以下的员工的得分明显低于在 5 年以上的员工，而工作年限在 5~10 年与 10 年以上的员工之间并没有显著差异。另外，不同工作年限的人在同事信任上并没有较显著的差异，这可能反映出员工晋升为管理者需要 5 年以上的时间。

在知识分享上，5 年以上工作年限的员工在知识分享能力上明显高于 5 年以下员工，而 5~10 年工作年限的员工与 10 年以上的员工之间在知识分享能力上并不存在明显差异。说明工作年限会对知识分享能力有一定影响，但随着工作年龄的增加，这种影响并不会持续下去。另外，不同工作年限的员工在知识分享意愿上存在微弱差异($p<0.1$)，但并不明显。

在创新行为上，也表现出5年以上工作年限的员工无论在执行构想上还是在产生构想上，均明显高于5年以下工作年限的员工，而5~10年工作年限与10年以上工作年限的员工间并没有太大差异。这也说明工作年限对创新行为的影响并不会持续10年以上。

在组织学习上，也同样表现如此：5年以上工作年限的员工明显高于5年以下工作年限的员工($p<0.05$)，而5~10年工作年限与10年以上工作年限的员工间并没有太大差异。

(六)测量变量在月收入上的差异检验

如表5-23所示，在0.05显著性水平下，组织信任、知识分享、创新行为和组织学习各变量在月收入上均没有显著差异($p>0.05$)，并且在0.1显著性水平下也不存在差异，充分说明本次研究的变量与个人收入关系不大。

表5-23　　**各测量变量在月收入上的差异检验**

	月收入	N	平均值	标准差	F	p
上级信任	5000元以下	31	3.57	0.744	0.377	0.686
	5000~10000元	234	3.69	0.739		
	10000元以上	137	3.70	0.726		
同事信任	5000元以下	31	3.94	0.649	0.017	0.983
	5000~10000元	234	3.93	0.642		
	10000元以上	137	3.94	0.704		
系统信任	5000元以下	31	3.81	0.698	1.403	0.247
	5000~10000元	234	3.98	0.643		
	10000元以上	137	4.02	0.597		
组织信任	5000元以下	31	3.75	0.628	0.417	0.659
	5000~10000元	234	3.84	0.583		
	10000元以上	137	3.86	0.570		

续表

	月收入	N	平均值	标准差	F	p
知识分享意愿	5000 元以下	31	4. 35	0. 503	0. 580	0. 561
	5000~10000 元	234	4. 25	0. 532		
	10000 元以上	137	4. 23	0. 553		
知识分享能力	5000 元以下	31	4. 02	0. 701	0. 586	0. 557
	5000~10000 元	234	3. 87	0. 726		
	10000 元以上	137	3. 90	0. 712		
知识分享	5000 元以下	31	4. 24	0. 438	0. 761	0. 468
	5000~10000 元	234	4. 12	0. 502		
	10000 元以上	137	4. 12	0. 487		
执行构想	5000 元以下	31	3. 72	0. 769	0. 124	0. 884
	5000~10000 元	234	3. 74	0. 702		
	10000 元以上	137	3. 77	0. 695		
产生构想	5000 元以下	31	4. 06	0. 692	0. 488	0. 614
	5000~10000 元	234	4. 04	0. 690		
	10000 元以上	137	4. 11	0. 685		
创新行为	5000 元以下	31	3. 82	0. 722	0. 244	0. 784
	5000~10000 元	234	3. 82	0. 629		
	10000 元以上	137	3. 87	0. 575		
开放心智	5000 元以下	31	3. 91	0. 890	0. 115	0. 891
	5000~10000 元	234	3. 98	0. 710		
	10000 元以上	137	3. 97	0. 789		
学习承诺	5000 元以下	31	3. 96	0. 842	0. 376	0. 687
	5000~10000 元	234	3. 97	0. 724		
	10000 元以上	137	4. 04	0. 731		
分享愿景	5000 元以下	31	3. 80	0. 874	0. 473	0. 624
	5000~10000 元	234	3. 91	0. 672		
	10000 元以上	137	3. 93	0. 612		

续表

	月收入	N	平均值	标准差	F	p
组织学习	5000 元以下	31	3.88	0.783	0.301	0.740
	5000~10000 元	234	3.95	0.602		
	10000 元以上	137	3.97	0.571		

第六章　假设检验

本章结合研究目的、研究框架、研究假设以及问卷调查结果，采用适当的数据分析方法对正式调查过程中获得的有效样本进行相关分、回归分析等量化分析，并对数据分析的结果进行解释，以检验前面章节提到的研究假设是否可以通过验证。

一、测量变量相关分析

由于各测量变量计算综合得分后均属于连续变量，因此可通过 pearson 相关系数对各变量进行相关性检验。结果可知：

组织信任、知识分享、创新行为和组织学习各变量与其所属的子变量之间均存在非常强的正相关性，相关系数基本在 0.7 以上。各变量内部的子变量之间也存在一定的相关性，相关性大多在 0.3~0.6。

四个变量之间也存在一定的相关性，而且相关性大多集中在 0.5 左右，没有表现出非常强的相关性，也未表现出非常弱的相关性，甚至无相关性(见表 6-1)。

表 6-1 **各测量变量间相关分析**

	平均值	标准差	A	B	C	D	E	F	G	H	I	J	K	L	M	N
A. 上级信任	3.68	0.734	1													
B. 同事信任	3.93	0.663	0.542	1												
C. 系统信任	3.98	0.633	0.672	0.466	1											
D. 组织信任	3.84	0.582	0.915	0.792	0.803	1										
E. 知识分享意愿	4.25	0.537	0.371	0.552	0.405	0.515	1									
F. 知识分享能力	3.89	0.719	0.372	0.391	0.357	0.441	0.330	1								
G. 知识分享	4.13	0.492	0.451	0.592	0.468	0.589	0.888	0.727	1							
H. 执行构想	3.75	0.703	0.464	0.455	0.361	0.515	0.346	0.602	0.544	1						
I. 产生构想	4.06	0.688	0.273	0.403	0.377	0.399	0.401	0.365	0.469	0.457	1					
J. 创新行为	3.84	0.617	0.464	0.498	0.414	0.546	0.409	0.606	0.592	0.959	0.690	1				
K. 开放心智	3.97	0.751	0.573	0.516	0.499	0.633	0.421	0.368	0.485	0.541	0.398	0.567	1			
L. 学习承诺	3.99	0.735	0.502	0.469	0.517	0.583	0.427	0.398	0.505	0.428	0.436	0.487	0.574	1		
M. 分享愿景	3.91	0.669	0.583	0.529	0.580	0.665	0.430	0.419	0.517	0.518	0.431	0.559	0.606	0.566	1	
N. 组织学习	3.95	0.607	0.652	0.595	0.629	0.740	0.502	0.466	0.592	0.585	0.496	0.634	0.847	0.826	0.872	1

二、研究假设检验

为了检验本书理论模型中自变量、中介变量、因变量之间的因果关系，以及各调节变量的调节效应，考虑到模型中变量个数较多(潜变量 10 个，显变量近 45 个)，如果建立结构方程模型，样本量至少需要 1000 份以上，而本研究的样本数明显不足。因此，本书采用路径模型进行模型假设检验。

由于模型中存在知识分享的中介效应假设，所以本书采用当下流行的 Bootstrap 法来进行中介效应检验(有放回随机抽样次数设计为 500 次)，通过 AMOS21.0 实现，得到如下结果。

(一)主效应和中介效应检验

在各变量主效应和中介效应建立的路径模型中，相对拟合指数和绝对拟合指数都在理想值范围内，模型拟合效果很好。

各变量主效应关系上，组织信任中上级信任对知识分享意愿、产生构想的影响作用均较小，表现不显著($p>0.05$)。另外，系统信任对执行构想的影响作用、知识分享意愿对执行构想的影响作用也均不显著($p>0.05$)。其他变量之间的主效应在 0.05 显著性水平下均表现显著，且影响作用均为正向影响。其中，同事信任对知识分享意愿(0.468)、知识分享能力对执行构想(0.461)的影响作用相对其他变量间关系最高(见表 6-2)。

表 6-2　**各变量路径模型检验结果**

外生变量		内生变量	标准化系数	S. E.	C. R.	P
上级信任	→	知识分享意愿	-0.015	0.043	-0.255	0.799
上级信任	→	知识分享能力	0.138	0.063	2.146	0.032
同事信任	→	知识分享意愿	0.468	0.040	9.520	***
同事信任	→	知识分享能力	0.247	0.058	4.595	***
系统信任	→	知识分享能力	0.149	0.069	2.431	0.015

续表

外生变量		内生变量	标准化系数	S. E.	C. R.	P
系统信任	→	知识分享意愿	0. 197	0. 047	3. 523	***
知识分享能力	→	执行构想	0. 461	0. 041	11. 099	***
知识分享能力	→	产生构想	0. 196	0. 046	4. 095	***
知识分享意愿	→	产生构想	0. 190	0. 067	3. 623	***
知识分享意愿	→	执行构想	0. 046	0. 059	1. 009	0. 313
系统信任	→	产生构想	0. 228	0. 065	3. 807	***
系统信任	→	执行构想	-0. 039	0. 058	-0. 759	0. 448
同事信任	→	执行构想	0. 148	0. 054	2. 918	0. 004
上级信任	→	产生构想	-0. 121	0. 058	-1. 953	0. 051
同事信任	→	产生构想	0. 182	0. 060	3. 124	0. 002
上级信任	→	执行构想	0. 222	0. 051	4. 133	***
$X^2/df=5.126$ GFI = 0. 996 CFI = 0. 996 RMSEA = 0. 101 RMR = 0. 007						

总体效应上，组织信任中同事信任对知识分享、创新行为均存在显著的影响作用，而且影响作用都相对较高（$p<0.05$）；系统信任只对知识分享意愿和产生构想有一定影响作用；上级信任只对执行构想存在显著影响。知识分享能力对创新行为均存在显著影响作用，且对执行构想影响作用相对较高；知识分享意愿只对产生构想存在显著影响。

上述各变量间的主效应作用，会直接影响到知识分享在组织信任对创新行为的中介效应。从总体来看，组织信任对创新行为的间接作用中，只有系统信任对产生构想、同事信任对产生构想、同事信任对执行构想三个间接作用是显著的（$p<0.05$）。说明知识分享只有在上述三对影响作用中可能存在显著的中介作用，而在其他影响作用中的中介作用均不显著。知识分享能力、知识分享意愿在系统信任对产生构想、同事信任对产生构想、同事信任对执行构想三对影响作用的具体的中介作用可以通过自变量与中介变量的影响系数乘以中介变量与因变量的影响系数所得（见表 6-3、表 6-4、图 6-1、表 6-5）。

表 6-3　　　　　　　　　　　**各变量间总效应结果**

	系统信任	同事信任	上级信任	知识分享能力	知识分享意愿
知识分享能力	0.169	0.268**	0.135	0.000	0.000
知识分享意愿	0.167*	0.380*	−0.011	0.000	0.000
产生构想	0.391**	0.330**	−0.090	0.187**	0.242**
执行构想	0.042	0.300**	0.273**	0.451**	0.060

注：* 表示 $p<0.05$，** 表示 $p<0.01$，*** $p<0.001$。

表 6-4　　　　　　　　　　　**各变量间间接效应结果**

	系统信任	同事信任	上级信任	知识分享能力	知识分享意愿
知识分享能力	0.000	0.000	0.000	0.000	0.000
知识分享意愿	0.000	0.000	0.000	0.000	0.000
产生构想	0.072*	0.142**	0.023	0.000	0.000
执行构想	0.086	0.144**	0.060	0.000	0.000

注：* 表示 $p<0.05$，** 表示 $p<0.01$，*** $p<0.001$。

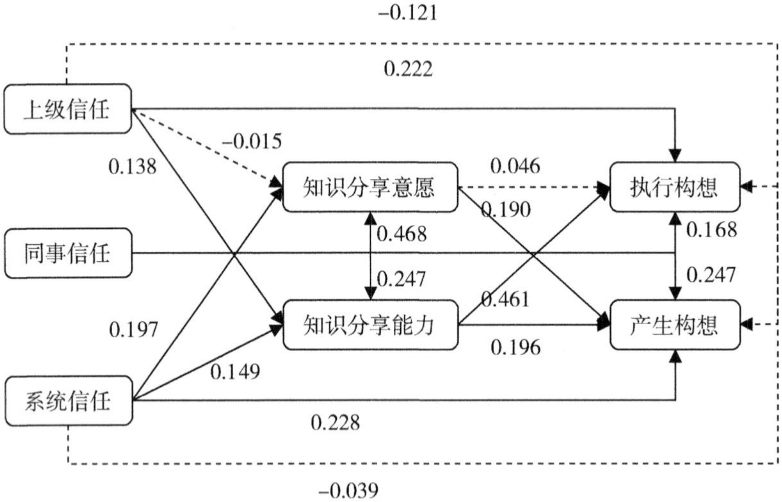

注：图中数据为标准化路径系数；实线表示影响作用显著，虚线表示影响作用不显著。

图 6-1　路径模型直接效应和中介效应关系图

表 6-5　　主效应和中介效应研究假设成立情况

研究假设	是否成立
H1　组织信任对员工创新行为有正向影响	
H1-1 系统信任对员工创新行为中的产生构想有正向影响	是
H1-2 上级信任对员工创新行为中的产生构想有正向影响	否
H1-3 同事信任对员工创新行为中的产生构想有正向影响	是
H1-4 系统信任对员工创新行为中的执行构想有正向影响	否
H1-5 上级信任对员工创新行为中的执行构想有正向影响	是
H1-6 同事信任对员工创新行为中的执行构想有正向影响	是
H2　组织信任对知识分享有正向影响	
H2-1 系统信任对员工知识分享意愿有正向影响	是
H2-2 上级信任对员工知识分享意愿有正向影响	否
H2-3 同事信任对员工知识分享意愿有正向影响	是
H2-4 系统信任对员工知识分享能力有正向影响	是
H2-5 上级信任对员工知识分享能力有正向影响	是
H2-6 同事信任对员工知识分享能力有正向影响	是
H3　知识分享对员工创新行为有正向影响	
H3-1 知识分享意愿对员工创新行为中的产生构想有正向影响	是
H3-2 知识分享能力对员工创新行为中的产生构想有正向影响	是
H3-3 知识分享意愿对员工创新行为中的执行构想有正向影响	否
H3-4 知识分享能力对员工创新行为中的执行构想有正向影响	是
H4　知识分享在组织信任与员工创新行为之间起中介作用	
H4-1 知识分享意愿在上级信任与员工执行构想之间起中介作用	否
H4-2 知识分享意愿在同事信任与员工执行构想之间起中介作用	是
H4-3 知识分享意愿在系统信任与员工执行构想之间起中介作用	否
H4-3 知识分享能力在上级信任与员工执行构想之间起中介作用	否
H4-5 知识分享能力在同事信任与员工执行构想之间起中介作用	是
H4-6 知识分享能力在系统信任与员工执行构想之间起中介作用	否

续表

研究假设	是否成立
H4-7 知识分享意愿在上级信任与员工产生构想之间起中介作用	否
H4-8 知识分享意愿在同事信任与员工产生构想之间起中介作用	是
H4-9 知识分享意愿在系统信任与员工产生构想之间起中介作用	是
H4-10 知识分享能力在上级信任与员工产生构想之间起中介作用	否
H4-11 知识分享能力在同事信任与员工产生构想之间起中介作用	是
H4-12 知识分享能力在系统信任与员工产生构想之间起中介作用	是

(二)调节效应检验

本次研究共有组织学习、年龄、工作年限、学历四个调节变量，该节将逐个检验它们在模型中的调节效应。

1. 组织学习调节效应检验

组织学习包含开放心智、学习承诺、分享愿景三个变量，它们与自变量均为连续变量，因此在模型中通过均值中心化方法来建立自变量与调节变量的交互项，并通过交互项对因变量的影响作用来判断调节效应是否成立。接下来对上述三个调节变量逐个进行检验。

(1)开放心智调节效应检验

调节效应检验结果显示：在 0.05 显著性水平下，开放心智在组织信任对知识分享、组织信任对创新行为的影响作用中，只在部分影响关系中存在显著的调节作用。在组织信任对知识分享的影响关系中，只有在上级信任对知识分享能力、同事信任对知识分享能力的关系中存在显著调节作用($p<0.05$)。即随着开放心智不断增强，自变量对因变量的影响作用会越大。

组织信任对创新行为的影响关系中，开放心智只在上级信任对执行构想、上级信任对产生构想的影响关系中表现出显著调节作用(见表 6-6、图 6-2、图 6-3、图 6-4、图 6-5)。

表 6-6　　加入开放心智调节变量后的路径模型检验结果

外生变量		内生变量	标准化系数	S. E.	C. R.	P
上级信任	→	知识分享意愿	-0.059	0.045	-0.975	0.330
上级信任	→	知识分享能力	0.084	0.065	1.271	0.204
同事信任	→	知识分享意愿	0.449	0.044	8.299	***
同事信任	→	知识分享能力	0.263	0.064	4.464	***
系统信任	→	知识分享能力	0.085	0.071	1.358	0.174
系统信任	→	知识分享意愿	0.116	0.049	2.009	0.045 *
开放心智	→	知识分享意愿	0.107	0.040	1.924	0.054
开放心智-上级信任	→	知识分享意愿	0.025	0.053	0.307	0.759
开放心智	→	知识分享能力	0.188	0.058	3.103	0.002 **
开放心智-上级信任	→	知识分享能力	0.178	0.077	1.975	0.048 *
开放心智-同事信任	→	知识分享意愿	0.021	0.036	0.415	0.678
开放心智-同事信任	→	知识分享能力	0.178	0.052	3.318	***
开放心智-系统信任	→	知识分享意愿	-0.188	0.052	-2.353	0.0191
开放心智-系统信任	→	知识分享能力	-0.246	0.076	-2.825	0.051
知识分享能力	→	执行构想	0.428	0.039	10.642	***
知识分享能力	→	产生构想	0.186	0.046	3.876	***
知识分享意愿	→	产生构想	0.176	0.067	3.370	***
知识分享意愿	→	执行构想	0.019	0.057	0.430	0.667
系统信任	→	产生构想	0.207	0.066	3.398	***
系统信任	→	执行构想	-0.079	0.057	-1.541	0.123
同事信任	→	执行构想	0.045	0.056	0.861	0.389
上级信任	→	产生构想	-0.143	0.060	-2.235	0.025 *
同事信任	→	产生构想	0.075	0.065	1.197	0.231
上级信任	→	执行构想	0.164	0.051	3.059	0.002 **
开放心智	→	执行构想	0.344	0.047	6.907	***
开放心智	→	产生构想	0.229	0.054	3.862	***
开放心智-上级信任	→	执行构想	0.218	0.061	2.994	0.003 **
开放心智-上级信任	→	产生构想	0.188	0.071	2.170	0.030 *
开放心智-系统信任	→	执行构想	-0.098	0.061	-1.372	0.170

续表

外生变量		内生变量	标准化系数	S. E.	C. R.	P
开放心智-系统信任	→	产生构想	-0.045	0.071	-0.529	0.597
开放心智-同事信任	→	执行构想	-0.063	0.042	-1.434	0.151
开放心智-同事信任	→	产生构想	-0.125	0.049	-2.387	0.057
X^2/df=4.387 GFI=0.998 CFI=0.998 RMSEA=0.092 RMR=0.005						

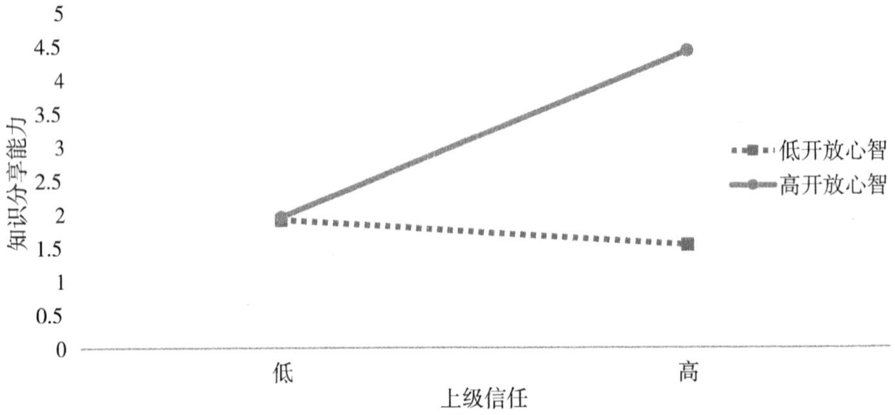

图 6-2 开放心智在上级信任与知识分享能力的调节效应

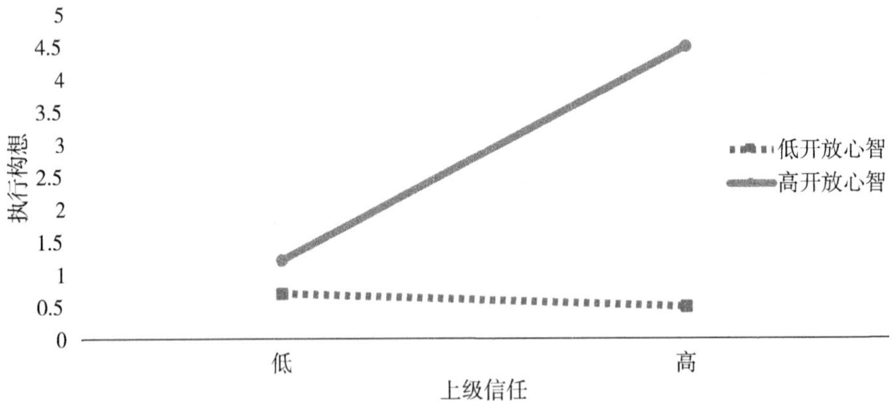

图 6-3 开放心智在上级信任与执行构想的调节效应

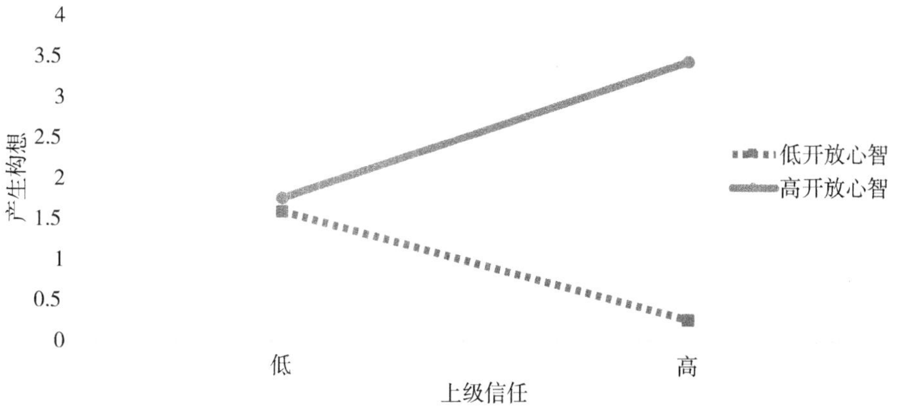

图 6-4　开放心智在上级信任与产生构想的调节效应

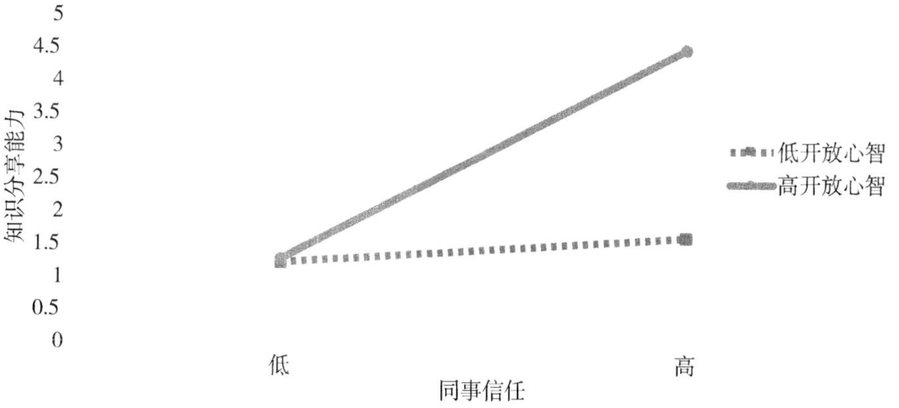

图 6-5　开放心智在同事信任与知识分享能力的调节效应

(2)学习承诺调节效应检验

调节效应检验结果显示：在 0.05 显著性水平下，学习承诺在组织信任对知识分享的影响关系中，只有在同事信任对知识分享能力、系统信任对知识分享意愿的关系中存在显著调节作用($p<0.05$)。而在其他关系中均不存在显著调节作用。

在组织信任对创新行为的影响关系中，学习承诺也只在上级信任对执行构想的影响作用中，表现出显著调节作用(见表6-7、图6-6、图6-7、图6-8)。

表6-7 加入学习承诺调节变量后的路径模型检验结果

外生变量		内生变量	标准化系数	S. E.	C. R.	P
上级信任	→	知识分享意愿	-0. 034	0. 043	-0. 576	0. 565
上级信任	→	知识分享能力	0. 072	0. 063	1. 110	0. 267
同事信任	→	知识分享意愿	0. 422	0. 044	7. 792	***
同事信任	→	知识分享能力	0. 259	0. 064	4. 391	***
系统信任	→	知识分享能力	0. 076	0. 073	1. 181	0. 238
系统信任	→	知识分享意愿	0. 111	0. 050	1. 884	0. 060
学习承诺	→	知识分享意愿	0. 165	0. 039	3. 095	0. 002**
学习承诺-上级信任	→	知识分享意愿	0. 153	0. 053	1. 896	0. 058
学习承诺	→	知识分享能力	0. 200	0. 057	3. 456	***
学习承诺-上级信任	→	知识分享能力	-0. 039	0. 077	-0. 441	0. 659
学习承诺-同事信任	→	知识分享意愿	-0. 018	0. 036	-0. 385	0. 701
学习承诺-同事信任	→	知识分享能力	0. 143	0. 052	2. 731	0. 006**
学习承诺-系统信任	→	知识分享意愿	-0. 197	0. 051	-2. 494	0. 013*
学习承诺-系统信任	→	知识分享能力	-0. 049	0. 074	-0. 571	0. 568
知识分享能力	→	执行构想	0. 445	0. 041	10. 524	***
知识分享能力	→	产生构想	0. 190	0. 044	4. 081	***
知识分享意愿	→	产生构想	0. 150	0. 065	2. 955	0. 003**
知识分享意愿	→	执行构想	0. 028	0. 060	0. 598	0. 550
系统信任	→	产生构想	0. 208	0. 065	3. 446	***
系统信任	→	执行构想	-0. 054	0. 061	-0. 988	0. 323
同事信任	→	执行构想	0. 120	0. 058	2. 198	0. 028*
上级信任	→	产生构想	-0. 103	0. 056	-1. 701	0. 089
同事信任	→	产生构想	0. 036	0. 062	0. 589	0. 556
上级信任	→	执行构想	0. 214	0. 052	3. 908	***

续表

外生变量		内生变量	标准化系数	S. E.	C. R.	P
学习承诺	→	执行构想	0.135	0.048	2.678	0.007**
学习承诺	→	产生构想	0.276	0.052	4.973	***
学习承诺-上级信任	→	执行构想	0.099	0.064	1.332	0.183
学习承诺-上级信任	→	产生构想	0.230	0.069	2.801	0.005**
学习承诺-系统信任	→	执行构想	-0.036	0.062	-0.491	0.623
学习承诺-系统信任	→	产生构想	0.001	0.066	0.016	0.988
学习承诺-同事信任	→	执行构想	-0.002	0.043	-0.047	0.963
学习承诺-同事信任	→	产生构想	-0.214	0.047	-4.342	0.064
X^2/df = 2.818 GFI = 0.999 CFI = 0.999 RMSEA = 0.067 RMR = 0.003						

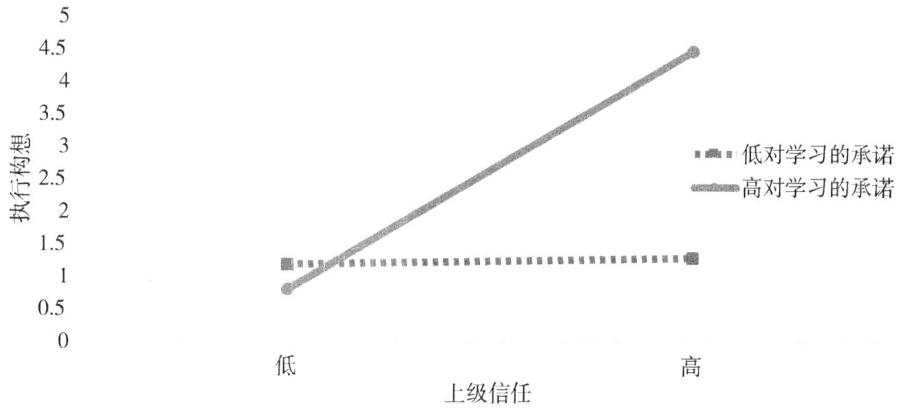

图 6-6 学习承诺在上级信任与执行构想的调节效应

(3)分享愿景调节效应检验

调节效应检验结果显示：在 0.05 显著性水平下，分享愿景在组织信任对知识分享的影响关系中，只有在同事信任对知识分享能力的影响关系中存在显著调节作用($p<0.05$)，而在其他关系中均不存在显著调节作用。

在组织信任对创新行为的影响关系中，分享愿景也只在上级信任对执行构

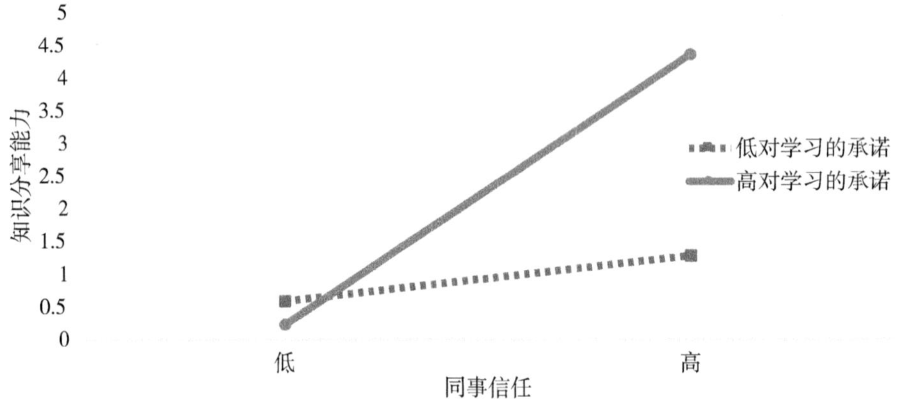

图 6-7 学习承诺在同事信任与知识分享能力的调节效应

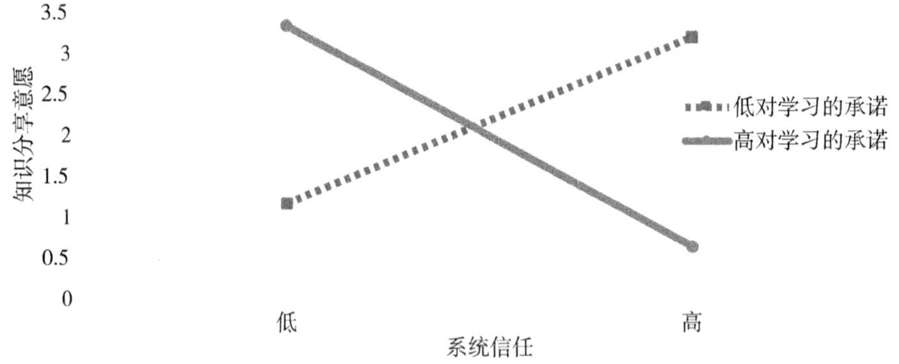

图 6-8 学习承诺在系统信任与知识分享意愿的调节效应

想的影响作用中，表现出显著调节作用(见表 6-8、图 6-9、图 6-10、表 6-9)。

表 6-8 **加入分享愿景调节变量后的路径模型检验结果**

外生变量		内生变量	标准化系数	S. E.	C. R.	P
上级信任	→	知识分享意愿	-0. 052	0. 044	-0. 858	0. 391
上级信任	→	知识分享能力	0. 055	0. 064	0. 837	0. 402
同事信任	→	知识分享意愿	0. 463	0. 045	8. 415	***

续表

外生变量		内生变量	标准化系数	S. E.	C. R.	P
同事信任	→	知识分享能力	0. 249	0. 065	4. 183	***
系统信任	→	知识分享能力	0. 099	0. 073	1. 529	0. 126
系统信任	→	知识分享意愿	0. 118	0. 051	1. 981	0. 048 *
分享愿景	→	知识分享意愿	0. 095	0. 046	1. 650	0. 099
分享愿景-上级信任	→	知识分享意愿	-0. 050	0. 063	-0. 566	0. 572
分享愿景	→	知识分享能力	0. 220	0. 067	3. 522	***
分享愿景-上级信任	→	知识分享能力	-0. 099	0. 091	-1. 022	0. 307
分享愿景-同事信任	→	知识分享意愿	0. 044	0. 040	0. 854	0. 393
分享愿景-同事信任	→	知识分享能力	0. 147	0. 058	2. 660	0. 008 **
分享愿景-系统信任	→	知识分享意愿	-0. 090	0. 057	-1. 020	0. 308
分享愿景-系统信任	→	知识分享能力	0. 048	0. 083	0. 502	0. 616
知识分享能力	→	执行构想	0. 422	0. 041	10. 194	***
知识分享能力	→	产生构想	0. 182	0. 045	3. 842	***
知识分享意愿	→	产生构想	0. 184	0. 065	3. 589	***
知识分享意愿	→	执行构想	0. 025	0. 059	0. 567	0. 571
系统信任	→	产生构想	0. 180	0. 067	2. 929	0. 003 **
系统信任	→	执行构想	-0. 092	0. 060	-1. 707	0. 088
同事信任	→	执行构想	0. 119	0. 058	2. 173	0. 030 *
上级信任	→	产生构想	-0. 144	0. 058	-2. 331	0. 020 *
同事信任	→	产生构想	0. 055	0. 064	0. 877	0. 380
上级信任	→	执行构想	0. 162	0. 052	2. 992	0. 003 **
分享愿景	→	执行构想	0. 246	0. 055	4. 662	***
分享愿景	→	产生构想	0. 268	0. 062	4. 451	***
分享愿景-上级信任	→	执行构想	0. 057	0. 074	0. 709	0. 478
分享愿景-上级信任	→	产生构想	0. 310	0. 082	3. 385	***
分享愿景-系统信任	→	执行构想	-0. 047	0. 068	-0. 590	0. 555

续表

外生变量		内生变量	标准化系数	S. E.	C. R.	P
分享愿景-系统信任	→	产生构想	−0. 129	0. 075	−1. 432	0. 152
分享愿景-同事信任	→	执行构想	0. 045	0. 048	0. 981	0. 327
分享愿景-同事信任	→	产生构想	−0. 144	0. 053	−2. 716	0. 076
X^2/df = 3. 321 GFI = 0. 999 CFI = 0. 999 RMSEA = 0. 076 RMR = 0. 003						

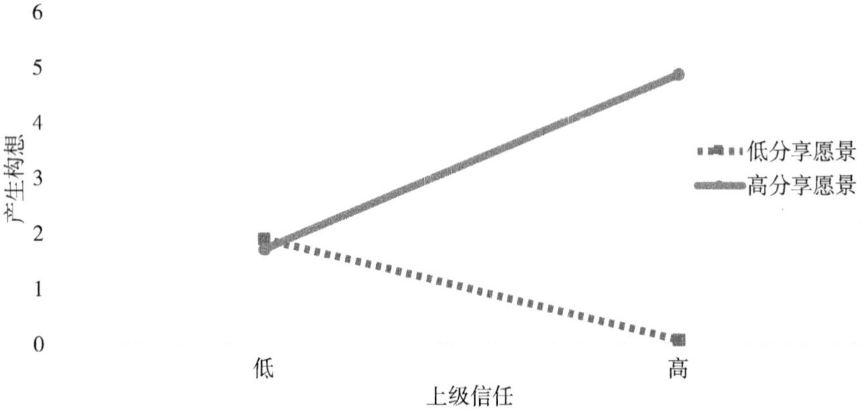

图 6-9 分享愿景在上级信任与产生构想的调节效应

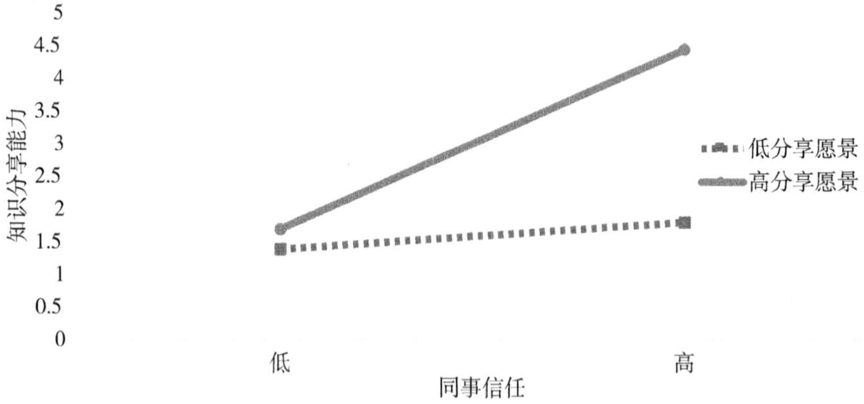

图 6-10 分享愿景在同事信任与知识分享能力的调节效应

表 6-9 **组织学习的调节效应检验结果**

研究假设	是否成立
H5 组织学习在组织信任与员工创新行为之间起调节作用	
H5-1 学习承诺在上级信任与员工执行构想之间起调节作用	否
H5-2 分享愿景在上级信任与员工执行构想之间起调节作用	否
H5-3 开放心智在上级信任与员工执行构想之间起调节作用	是
H5-4 学习承诺在上级信任与员工产生构想之间起调节作用	是
H5-5 分享愿景在上级信任与员工产生构想之间起调节作用	是
H5-6 开放心智在上级信任与员工产生构想之间起调节作用	是
H5-7 学习承诺在同事信任与员工执行构想之间起调节作用	否
H5-8 分享愿景在同事信任与员工执行构想之间起调节作用	否
H5-9 开放心智在同事信任与员工执行构想之间起调节作用	否
H5-10 学习承诺在同事信任与员工产生构想之间起调节作用	否
H5-11 分享愿景在同事信任与员工产生构想之间起调节作用	否
H5-12 开放心智在同事信任与员工产生构想之间起调节作用	是
H5-13 学习承诺在系统信任与员工执行构想之间起调节作用	否
H5-14 分享愿景在系统信任与员工执行构想之间起调节作用	否
H5-15 开放心智在系统信任与员工执行构想之间起调节作用	否
H5-16 学习承诺在系统信任与员工产生构想之间起调节作用	否
H5-17 分享愿景在系统信任与员工产生构想之间起调节作用	否
H5-18 开放心智在系统信任与员工产生构想之间起调节作用	否
H6 组织学习在组织信任与知识分享之间起调节作用	
H6-1 学习承诺在上级信任与员工知识分享意愿之间起调节作用	否
H6-2 分享愿景在上级信任与员工知识分享意愿之间起调节作用	否
H6-3 开放心智在上级信任与员工知识分享意愿之间起调节作用	否
H6-4 学习承诺在上级信任与员工知识分享能力之间起调节作用	否
H6-5 分享愿景在上级信任与员工知识分享能力之间起调节作用	否
H6-6 开放心智在上级信任与员工知识分享能力之间起调节作用	是

续表

研究假设	是否成立
H6-7 学习承诺在同事信任与员工知识分享意愿之间起调节作用	否
H6-8 分享愿景在同事信任与员工知识分享意愿之间起调节作用	否
H6-9 开放心智在同事信任与员工知识分享意愿之间起调节作用	否
H6-10 学习承诺在同事信任与员工知识分享能力之间起调节作用	是
H6-11 分享愿景在同事信任与员工知识分享能力之间起调节作用	是
H6-12 开放心智在同事信任与员工知识分享能力之间起调节作用	是
H6-13 学习承诺在系统信任与员工知识分享意愿之间起调节作用	是
H6-14 分享愿景在系统信任与员工知识分享意愿之间起调节作用	否
H6-15 开放心智在系统信任与员工知识分享意愿之间起调节作用	否
H6-16 学习承诺在系统信任与员工知识分享能力之间起调节作用	否
H6-17 分享愿景在系统信任与员工知识分享能力之间起调节作用	否
H6-18 开放心智在系统信任与员工知识分享能力之间起调节作用	否

2. 年龄调节效应检验

首先将年龄划分为30岁及以下和30岁以上两组人群，再对两组人群进行对比分析。通过判断组织信任对创新行为的影响系数在两组人群中是否有显著差异，进而判断年龄对组织信任与创新行为的影响关系是否存在显著调节作用。该部分通过AMOS21.0多群组分析，得到如下结果：

结果表明，在0.05显著性水平，组织信任与创新行为六组影响关系中，两组人群的差异检验t统计量均在1.96以下。因此，年龄在组织信任与创新行为的影响关系上不存在显著调节作用($p>0.05$)(见表6-10)。

表6-10 **年龄在组织信任对创新行为影响作用中的调节效应检验结果**

组织信任对创新行为的影响关系	30岁及以下与30岁以上两组人群间差异t值
系统信任→产生构想	-0.228
同事信任→产生构想	0.394

续表

组织信任对创新行为的影响关系	30岁及以下与30岁以上两组人群间差异 t 值
上级信任→产生构想	1.332
同事信任→执行构想	-0.049
系统信任→执行构想	-0.561
上级信任→执行构想	0.262
$X^2/df=3.465$ GFI=0.995 CFI=0.995 RMSEA=0.079 RMR=0.007	

3. 工作年限调节效应检验

首先将工作年限划分为5年及以下和5年以上两组人群，再对两组人群进行对比分析。同样通过AMOS21.0多群组分析，得到如下结果：

结果表明，在0.05显著性水平，组织信任与创新行为六组影响关系中，两组人群的差异检验 t 统计量均在1.96以下。因此，工作年限在组织信任与创新行为的影响关系上不存在显著调节作用($p>0.05$)(见表6-11)。

表6-11　工作年限在组织信任对创新行为影响作用中的调节效应检验结果

组织信任对创新行为的影响关系	5年及以下与5年以上两组人群间差异 t 值
系统信任→产生构想	1.797
同事信任→产生构想	0.841
上级信任→产生构想	1.824
同事信任→执行构想	-0.136
系统信任→执行构想	0.056
上级信任→执行构想	-0.019
$X^2/df=5.466$ GFI=0.993 CFI=0.991 RMSEA=0.106 RMR=0.021	

4. 学历调节效应检验

首先将学历划分为本科及以下和本科以上两组人群，再对两组人群进行对比分析。同样通过AMOS21.0多群组分析，得到如下结果：

结果表明，在0.05显著性水平，组织信任与创新行为六组影响关系中，两组人群的差异检验 t 统计量均在1.96以下。因此，员工的学历在组织信任与创新行为的影响关系上不存在显著调节作用($p>0.05$)(见表6-12)。

表6-12 **学历在组织信任对创新行为影响作用中的调节效应检验结果**

组织信任对创新行为的影响关系	本科及以下与本科以上两组人群间差异 t 值
系统信任→产生构想	-0.805
同事信任→产生构想	0.412
上级信任→产生构想	-0.826
同事信任→执行构想	-1.148
系统信任→执行构想	-0.034
上级信任→执行构想	-0.964
X^2/df=1.999 GFI=0.997 CFI=0.998 RMSEA=0.050 RMR=0.006	

第七章 研究结论与展望

本章对整个研究进行概括与总结，包括本书的研究结论、管理对策与启示、研究局限和研究不足，进一步阐述本研究的理论和实践意义，并针对研究过程中的不足进行必要的说明，明确今后的研究方向。

一、研究结论

第一，组织信任对员工创新行为的影响。本研究以组织内的“系统信任”“上级信任”“同事信任”为自变量，以“员工创新行为”中的“产生构想”和“执行构想”为因变量，进行回归分析，发现组织信任对员工创新行为具有积极影响，H1通过验证。其中，系统信任与员工创新过程中产生构想显著正相关（$\beta=0.228$，$p<0.05$），支持H1-1。上级信任与员工创新过程中执行构想显著正相关（$\beta=0.222$，$p<0.05$），支持H1-5。同事信任与员工创新显著正相关（$\beta1=0.182$，$p<0.05$；$\beta2=0.148$，$p<0.05$），支持H1-3、H1-6。这也说明，在个体层面上，组织信任对员工创造力起正向作用。具体而言，系统信任是员工感知到的组织保障，员工心理安全感会较高，能在一定程度上抵消了员工对创新行为可能带来的风险顾虑。上级对员工的支持与协助能加强员工抗风险的心理建设，为执行创新决策起到了保驾护航的作用，员工也能从上级的信任中获得执行创意的助推力，能在主管的推动下执行新的方案。因此同事之间以能力、支援、承诺等为特征的信任关系对于员工创意的产生和创意的执行能起到至关重要的作用。

第二，组织信任对员工知识分享的影响。本研究以组织内的“系统信任”

“上级信任”“同事信任”为自变量，以“知识分享”中的“分享意愿”与“分享能力”为因变量，进行回归分析，发现组织信任能对知识分享具有积极影响，H2通过验证。其中，系统信任与知识分享能力以及知识分享意愿具有显著的正相关($\beta1=0.149$，$p<0.05$；$\beta2=0.197$，$p<0.05$)，支持H2-1、H2-4。上级信任与知识分享能力正相关($\beta=0.242$，$p<0.05$)，支持H2-2至H2-5。同事信任与知识分享的两个方面正相关($\beta1=0.468$，$p<0.05$；$\beta2=0.247$，$p<0.05$)，支持H2-3、H2-6。在个体层面上证明了组织信任对员工知识分享的正向作用。知识经济时代，知识的交流与创新对企业发展具有决定性的作用，是企业生存发展和获取竞争优势的关键。知识分享作为潜藏于个体内部的智力资本，是知识管理和利用的重要资源。在组织中，知识分享属于资源交换活动，员工之间建立的信任关系以及员工对上级与组织的信任是促进知识分享的总要因素，组织内信任的程度越高，知识分享的程度和效果也会越好。

第三，知识分享影响员工的创新行为。本研究以员工“知识分享”中的“分享意愿”与“分享能力”为自变量，以“员工创新行为”中的“产生构想”和“执行构想”为因变量，进行回归分析，发现知识分享能积极影响员工创新行为，H3通过验证。其中，知识分享意愿与员工产生构想正相关($\beta=0.190$，$p<0.05$)，支持H3-1。知识分享能力与员工创新行为正相关($\beta1=0.461$，$p<0.05$；$\beta2=0.196$，$p<0.05$)，支持H3-2、H3-4。在个体层面上证明了员工知识分享对其创新行为的正向作用。不管是显性知识还是隐性知识，知识的传播离不开员工知识分享的意愿以及知识分享的能力。企业员工在知识结构方面存在一定的差异与优劣，员工之间的知识分享能充分利用彼此的知识资源和能力，帮助员工取长补短，提升专业技能，同时还避免由知识的重复性生产造成的资源浪费，实现了知识价值最大化。员工的知识分享会带来双赢的效果，在促进员工认知交流与情感交流的同时，使得个人知识在组织内部实现流动与交换，打破了知识载体的限制，降低了知识获取成本和员工创新成本，能激发创新潜能，而有助于创新行为的产生。

第四，组织信任通过知识分享间接影响员工创新行为。在个体层面上，以“员工创新行为”为因变量，以“知识分享”为中介变量，以“组织信任”为自变量进行数据分析，在不考虑控制变量的情况下，发现组织信任不仅能直接作用于员工创新行为，还能通过影响员工的知识分享意愿和知识分享能力而间接作用于员工创意的产生与执行创意的行为，H4 通过验证。组织信任的三个维度中，同事信任对知识分享中知识分享意愿和分享能力表现有显著影响($\beta1=0.268$，$p<0.05$；$\beta2=0.380$，$p<0.05$)。说明同事之间的信任主要是通过员工知识分享能力和知识分享意愿带来创意的产生并执行构想，系统信任主要通过知识分享意愿对员工对的产生构想产生积极作用。通过本研究可以发现，组织信任通过知识分享对创新行为产生影响的机制为：组织信任中的系统信任和同事信任对知识分享中的知识分享意愿和知识分享能力产生影响，从而对员工创意产生和执行创意带来间接作用。

第五，组织学习在组织信任与员工创新行为的调节作用。在以“组织学习”为调节变量，以“组织信任”为自变量，“员工创新行为”为因变量的模型，通过组织信任与组织学习的交互项，检验了组织学习对组织信任与员工创新行为关系的调节效应。回归结果显示，组织学习正向调节组织信任与员工创新行为关系，总体而言，员工感知组织学习程度越高，组织信任对创新行为的促进作用越明显，因此，H5 得到了验证。根据 Cohen 等(2003) 推荐的程序，本研究分别采用高于均值一个标准差和低于均值一个标准差为基准描绘了具有不同组织学习水平的员工的组织信任与员工创新行为间的关系。在低组织学习的情况下，随着组织信任的增加，员工创新行为随之提升。而在高组织学习水平的情况下，由组织信任程度的增加而导致员工创新行为提升的幅度更大。可见，在推进员工创新行为的过程中，企业一方面可以通过持续贯彻政策制度，让员工感知到组织承诺与保障，推进上下级之间的开诚布公，培养同事信任等来获得新思维和能力的提升；另一方面，企业也面临组织对学习的投资、员工对组织愿景的认同以及如何应对公司运营的质疑等诸多难题。因此，组织信任对员工创新行为的影响是以员工感知组织学习水平为前提的。

第六，组织学习在组织信任与知识分享中的调节效应。在以“组织学习”为调节变量，以“组织信任”为自变量，“知识分享”为中介变量，“员工创新行为”为因变量的被中介的调节效应模型进行检验。回归结果显示，组织学习正向调节知识分享对组织信任与员工创新行为的中介关系，即组织学习水平越高，知识分享对组织信任与员工创新行为的中介作用更强，H6得到了验证。研究证明了在员工感知到高水平的组织学习时，组织信任对员工知识分享意愿和知识分享能力的正向影响更强，而且在高水平的组织学习中，组织信任通过影响员工知识分享进而影响员工创新行为的作用也强于组织学习水平较低的企业。对于管理者来说，为了更好地促进员工创新以及提升企业创新能力，可以就组织学习采取一些措施来改善其管理方式，使得企业文化更为开放、包融及平等，通过提升学习能力来建立其竞争优势。因为组织学习本身就是一个系统，它几乎囊括了企业管理中所有重要的因素，如人、组织、决策、沟通、技术等。它不是一个一蹴而就的项目，而是一个持续的修炼过程，是一项系统性的工程。通过周密筹划的组织学习过程，企业不仅可以提高内部资源、知识的利用率，不断创造出新的知识，而且可以从各方面学习，不断提高自身创新能力，以适应迅速变化的市场和环境条件。对于政策制定者来说，研究的结论证明了在不同水平的组织学习中，组织信任对知识分享及员工创新能力的提升作用上还是存在一定的差距，这也从侧面说明了探索组织学习的有效路径为深化企业创新改革提供了理论与实证依据。

二、管理对策与启示

在知识经济蓬勃发展的今天，企业的创新能力成为建设创新型国家的重要一环。在此过程中，员工的创造力发挥着举足轻重的作用。组织信任作为组织文化的重要组成部分，扮演着“润滑剂”的角色，直接作用于组织结构变量，能有效缓解组织冲突，促进员工分享与学习，有利于组织顺畅运转，提高组织运营效率，为营造良好的创新氛围提供有利条件。本书从知识管理视角来研究组织信任通过知识分享作用于员工创新行为这一作用机制，通过结构方程进行验证，全面研究了各变量之间的关系，并根据研究结果提出以下建议：

第一，重视组织信任的培养与管理。影响员工创造力的因素较多，从本书的数据分析结果可以看出，组织内的信任对员工创新行为的影响非常显著，因此员工是企业竞争的核心力量，培养其对组织的信任，建立和维持良好的组织和员工的关系，具有重要的现实意义。如果管理者希望让员工的创造力和个人才能得到充分发挥，就需要建立良好的信任体系，为员工提供有关沟通技巧的培训，让员工了解或参与组织决策，发掘并证明自己的价值，增强员工的纵向信任，为企业员工施展才华搭好互信的平台，减少组织员工由于紧张的人际关系带来的工作压力，并营造一种良好的沟通环境、灵活开放的创新氛围，以充分调动员工的工作积极性、主动性和能动性，保持企业的活力，建立企业的核心竞争力。

第二，建立促进知识分享的激励机制。知识分享打破了知识载体的限制，使得个人知识在组织内部实现流动与交换。员工可以充分利用彼此的知识资源，降低知识获取成本和员工创新成本。从理性的角度来看，知识是个人竞争优势的来源，单方面的知识分享意味着个人优势的丧失，且分享本身需要分享者投入大量的时间和精力。再加上知识的可见性和可量化性不高，如果员工知识分享难以得到相应的奖励，就会导致集体不分享，从而出现"社会困境"(陆欣欣，涂乙冬，2018)。根据社会交换和动机理论，个体的物质激励将促进员工的积极行为，也会对知识分享产生影响。在实践中，为了建立高效的知识分享体系，一方面，要通过奖励、表彰等激励手段鼓励员工"开口说话"，在为员工提供开放的知识分享平台的同时，塑造一种乐于共享的组织文化。另一方面，研究发现自我效能感高的员工有更高的知识分享责任感和分享意愿（Liu, Liu, 2011)。因此，管理者应该积极增强员工对自身专业技能和沟通能力的信心，减少他们对知识分享风险的畏惧，不去计较知识分享过程中的损失。比如领导带头作表率，向员工分享工作方法、技巧和心得，让员工充分体会到知识分享本身带来的乐趣和成就感，激发员工知识分享的内在动机，营造宽松持久的分享氛围。

第三，树立组织学习导向，加强员工组织学习。组织学习始于学习主体对现有知识的开发利用，需要企业全体员工共同参与。面对不断动态变化的内外环境，企业现有知识体系需要不断从企业外部获取新知识来有效地解决问题，获得竞争优势，开发管理创业机会，提高成长绩效等。组织学习能力是对企业顶层设计的进一步落实，企业文化要想真正引导和激励企业创新并获得持久的竞争优势，需诉诸强有力的组织学习能力，通过组织学习能力的提高来使得创新导向的企业文化内化于心、外化于行、固化于制。首先，管理者应该加强学习承诺，将员工的学习视为一项投资而不是成本费用，把获取知识与信息的能力以及学习新知识的意识视为公司生存的必要保障，提高“解释”“整合”与“知识创造”等阶段的学习绩效。其次，发挥组织愿景的凝聚力。共同愿景是组织学习的里程碑，它代表了员工的共同观点，由组织成员对公司使命和目标的认识演变而来，它有利于领导者、管理者和员工就学习对个体和组织的重要性达成共识。最后，要鼓励员工能超越常规去思考，包容接纳不同的观点，以开放的心智来面对质疑与批判。

三、研究局限

在个人学识、研究时间以及研究经费的限制上，本书的研究虽然在研究设计上坚守客观化、全面化、科学化的基本原则，但也存在以下不足之处：

第一，从研究样本来看，本书的研究对象是中小型企业，样本量不是特别大，也没有分析不同区域、不同行业、企业性质、规模大小等客观因素对研究内容的影响。由于受到结构、规模及人员数量等方面因素的影响，可能会对研究结果产生一定程度的影响。

第二，从研究方法来看，由于条件限制，本书的研究数据主要从员工个体层面来进行数据搜集与分析，因为问卷都由员工本人填写，未采用配对方法进行问卷调研，所以可能存在共同方法偏差问题。虽然结果验证共同方法偏差并不会显著影响数据信效度，但在未来条件允许的前提下，应尽量采用配对的方法进行对比分析，同时结合访谈、个案分析等数据支撑，通过搜集程序减少共同偏差，使数据具有更高的代表性。

第三，从研究内容来看，本书的研究内容主要关注的是组织内的横向和纵向信任对员工创新行为的影响，没有探讨组织间的信任对员工行为的潜在作用，对组织信任的内涵与结构探讨需进一步深化。同时，关于员工创造力与企业创新能力二者的关系未能做出实证探讨。

四、研究展望

未来研究可以从以下几个方面入手：

第一，推进跨层次方面的研究。个体创新能力的形成不仅受个体自身创新思维与创新能力的影响，还与组织环境、团队管理等紧密相关。同时，提升个体创新能力只是增强组织创新能力的第一步，未来关于企业创新的研究可以从团队层面来考察组织因素对个体创新行为的影响机制，或者探讨影响团队或群体间的创新行为或创新绩效的因素及其生成机制。

第二，促进跨学科方面的研究。随着科学技术的快速发展，打破学科间的条块分割，促进不同学科的交叉与融合，不仅是科技发展的创新源泉，也是探究组织行为发展的重要方法。对于组织信任与创新的研究，需要借鉴社会学、心理学、管理学、经济学甚至医学等学科的丰硕成果来展开对组织行为学中人的行为和思想等方面的深入研究。

第三，加强跨文化方面的研究。组织信任可能受到文化情境的影响。与西方的个人主义文化相比，中国文化更具有集体特征，表现为关系主义和层级主义等特点。同时，“面子”作为中国社会一种特殊的现象，对员工知识分享意愿的影响可能是复杂的。未来的研究可以结合中国文化特有的现象，深入理解影响员工创新行为的深层因素。也可以针对两种不同的文化背景，对比分析组织信任对员工创造力作用的异同，探索与中国特定文化情境相结合的管理理论与实践，进一步推动管理本土化。

第四，把握动态性研究。动态研究有利于我们更好地了解并掌握事物发展的基本规律，对于创造力的探索也一样，通过纵向数据搜集以及横向数据的比较聚合，可以更好地把握个人与组织情境如何共同作用于员工的创新行为，把握企业创新的生成机制与作用路径，并激发员工创新的活动，最终达到以创新化解企业发展中的突出问题，实现长足发展。

参考文献

[1]Liu N C, Liu M S. Human resource practices and individual knowledge-sharing behavior-an empirical study for Taiwanese R&D professional [J]. The International Journal of Human Resource Management, 2011, 22 (4): 981-997.

[2]Anna Sankowska. Relationships between organizational trust, knowledge transfer, knowledge creation, and firm's innovativeness [J]. The Learning Organization, 2013, 20(1): 85-100.

[3]Argyris C, Schon D A. Organizational learning: A theory of action perspective [M]. Reading, MA: Addison-Wesley, 1978.

[4]Atuahene-Gima K, Murray J Y. Exploratory and exploitative learning in new product development: A social capital perspective on new technology ventures in China[J]. Journal of International Marketing, 2007, 15(2): 1-29.

[5]Barnetta RC, Brennanb R T, Gareisc K C, et al. Conservation of resources theory in the context of multiple roles: An analysis of within- and cross-role mediational pathways[J]. Community, Work & Family, 2012, 15(2): 103-148.

[6]Brebels L, De Cremer D, Van Dijke M. Using self-definition to predict the influence of procedural justice on organizational-, interpersonal-, and job/task-oriented citizenship behavior [J]. Journal of Management, 2014, 40 (3): 731-763.

[7]Brower H H, Schoorman F D. , Tan H H. A model ofrelational leadership: The integration of trust and leader-member exchange[J]. The Leadership Quarterly,

2000, 11(2): 227-250.

[8]Brummelhuis L L, ter Hoeven C L, Bakker A B, Peper B. Breaking through the loss cycle of burnout: The role of motivation[J]. Journal of Occupational and Organizational Psychology, 2011, 84(2): 268-287.

[9]C Ashley Fulmer, Michele J Gelfand. At what level (and in whom) we trust: Trust across multiple organizational levels[J]. Journal of Management, 2012, 38(4): 1167-1230.

[10]Chowdhury S. The role of affect cognition-based trust in complex knowledge sharing[J]. Journal of Management Issues, 2005, 17(3): 310-323.

[11]Cook J, Wall T. New work attitude measures of trust, organizational commitment and personal need non-fulfill met[J]. Journal of Occupational Psychology, 1980, 53 (1): 39-52.

[12]Costigan R D, Hter S S, Berman J J. A multi-dimensional study of trust in organizations[J]. Journal of Managerial Issues, 1998, 10(3): 303-317.

[13]Cropanzano R, Anthony E L, Daniels S R, Hall A V. Social exchange theory: A critical review with theoretical remedies [J]. Academy of Management Annals, 2017, 11(1): 479-516.

[14]Crossan M M, H W Lane, R E White. An organizational learning framework: from intuition to institution[J]. Academy of Management Review, 1999, 3 (24): 522-537.

[15]Cummings L L, Bromiley P. 组织中的信任[M]. 管兵等, 译. 北京: 中国城市出版社, 1996.

[16] Darvenport T H, Prusak L. Working knowledge: How organizations manage what they know[M]. Cambridge, MA: Harvard Business School Press, 1998.

[17] Desai V. Learning through the distribution of failures within an organization: Evidence from heart bypass surgery performance[J]. Academy of Management Journal, 2015, 58(4): 1032-1050.

[18] Edmondson A. Psychological safety and learning behavior in work teams[J].

Administrative Science Quarterly, 1999, 44(2): 350-383.

[19] Emerson R M. Exchange Theory, Part I: A psychological Basis for Social Exhcange & Exchange Theory, Part II: Exchange Relations and Network Structures[M]// Berger J, Zelditch M, Anderson B. Sociologial Theories In Progress. New York: Houg Hton Mifflin, 1972: 38-87.

[20] Flores L G, Zheng W, Rau D, Thomas C H. Organizational learning: Sub-process identification, construct validation, and an empirical test of cultural antecedents[J]. Journal of Management, 2012, 38: 640-667.

[21] George C. Homans. Social behavior, it's elementary forms[M]. New York: Harcourt, Brace & World, 1974.

[22] Halbesleben J R B. Wheeler A R. I owe you one: Coworker reciprocity as a moderator of the day-level exhaustion-performance relationship[J]. Journal of Organizational Behavior, 2011, 32(4): 608-626.

[23] Hengriks P. Why share knowledge? The Influence of ICT on Motivation for Knowledge Sharing[J]. Knowledge and Process Management, 1999, 6 (2): 91-100.

[24] Hobfoll S E. Conservation of resources—A new attempt at conceptualizing stress [J]. American Psychologist, 1989, 44: 513-524.

[25] Hobfoll S E. Conservation of resource caravans and engaged settings[J]. Journal of Occupational and Organizational Psychology, 2011, 84: 116-122.

[26] Hobfoll S E, Halbesleben J, Neveu J P, et al. Conservation of resources in the organizational context: The reality of resourcesand their consequences[J]. Annual Review of Organizational Psychology and Organizational Behavior, 2018, 5(1): 103-128.

[27] Hon A H Y. Enhancing employee creativity in the chinese context: The mediating role of Employee self-concordance [J]. International Journal of Hospitality Management, 2011, 30(2): 375-384.

[28] Kalling T, Styhre A. Knowledge sharing in organizations[M]. Copenhagen:

CBS Press, 2003.

[29]Lee R, Ashforth B E. A meta-analytic examination of the correlates of the three dimensions of job burnout[J]. Journal of Applied Psychology, 1996, 81(2): 123-133.

[30]Li Zuo, Gregory J. Fisher, Zhi Yang. Organizational learning and technological innovation: The distinct dimensions of novelty and meaningfulness that impact firm performance[J]. Journal of the Academy of Marketing Science, 2019, 47: 1166-1183.

[31]March J. Exploration and exploitation in organization learning[J]. Organization Science, 1991, 2(1): 71-87.

[32]Mayer R C, Davis JH. The effect of the performance appraisal system on trust for management: A field quasi-experiment[J]. Journal of Applied Psychology, 1999, 84(1): 123-136.

[33]McAllister D J. Affect-and cognitoin-based trust as foundations for interpersonal cooperation in organizations[J]. Academic Management Review, 1995, 38: 24-59.

[34]Ngt W W, Feldman D C. The impact of job embeddedness on innovation-related behaviors [J]. Human Resource Management, 2010, 49 (6): 1067-1087.

[35]Nyhan R. C, Marlowe H A. The psychometric properties of the organizational trust inventory[J]. Evalua-tion Review, 1997(21): 614-635.

[36]Peter M Blau. Exchange and power in social life[M]. New York: Wiley, 1964.

[37]Portes A, Sensen Brenner J. Embeddedness and immigration: Notes on the social determinants of economic action[J]. American Journal of Sociology, 1993, 98, 1320-1350.

[38]Rothgl Sengepm. From theory to practice: Research territory, processes and structure at an organizational learning centre[J]. Journal of Organizational Change Management, 1994, 7 (5): 92-106.

[39]Sinkula J M, Baker W E, Noordewier T. A framework for market-based organizational learning: Linking values, knowledge, and behavior[J]. Journal of the academy of Marketing Science, 1997, 25(4): 305-318.

[40]Sinkula J M, Baker W E, Noordewier T. A Framework for market-based organizational learning: Linking values, knowledge, and behavior[J]. Journal of the academy of Marketing Science, 1997, 25(4): 305-318.

[41]Slaters, Narver J. Market orientation and the learning organization[J]. Journal of Marketing, 1995, 59(3): 63-74.

[42]Stamper C L, Masterson S S. Insider or outsider? How employee perceptions of insider status affect their work behavior[J]. Journal of Organizational Behavior, 2002, 23: 875-894.

[43]Stata R, Almond P. Organizational learning: The key to management innovation [J]. Sloan Management Review, 1989, 3(30): 63-74.

[44]Vij S, Farooq R. Knowledge sharing orientation and its relationship with business performance: A structural equation modeling approach [J]. IUP Journal of Knowledge Management, 2014, 12(3): 17-41.

[45]Viranyb, Tushamanm, Romanellie. Executive succession and organization outcomes in turbulent environments: An organizational learning approach[J]. Organization Science, 1992, 3 (1): 72-91.

[46]Zahra S A, Nielsen A P, Bogner W C. Corporate entrepreneurship, knowledge, and competence developmen [J]. Entrepreneurship theory and practice, 1999, 23(3): 169-189.

[47]Zhang Q L. Linking perceived organizational support with employee work outcomes ina Chinese context: Organizational identification as a mediator[J]. European Management Journal, 2014, 32(3): 406-412.

[48]彼得·布劳. 社会生活中的交换与权力[M]. 张非, 张黎勤, 译. 北京: 华夏出版社, 1988.

[49]蔡莉, 单标安, 刘钊, 郭洪庆. 创业网络对新企业绩效的影响研究——组

织学习的中介作用[J]. 科学学研究, 2010, 28(10): 1592-1600.
[50]陈国权, 刘薇. 企业组织内部学习、外部学习及其协同作用对组织绩效的影响——内部结构和外部环境的调节作用研究[J]. 中国管理科学, 2017, 25(5): 175-186.
[51]曹霞, 瞿皎姣. 资源保存理论溯源、主要内容探析及启示[J]. 中国人力资源开发, 2014, 8(15): 5-80.
[52]曾贱吉, 胡培, 蒋玉石. 企业员工组织信任影响因素的实证研究[J]. 技术经济与管理研究, 2011(8): 66-69.
[53]陈志霞. 知识员工组织支持感对工作绩效和离职倾向的影响[D]. 武汉: 华中科技大学, 2006.
[54]董晶. 虚拟社区个体的知识贡献动机模式研究[D]. 上海: 复旦大学, 2008.
[55]杜俊义, 崔海龙. 互补知识对技术创新动态能力的影响——以组织学习作为调节变量[J]. 技术经济与管理研究, 2019, 9: 45-52.
[56]方莉琳. 林南的社会资本理论及其中国适用性——读《社会资本: 关于社会结构与行动的理论》[J]. 理论园地, 2012, 9: 257-259.
[57]葛新红, 黄斯涵. 跟我们做知识管理[M]. 北京大学出版社, 2014.
[58]韩平, 刘向田, 陈雪. 企业员工组织信任、心理安全和工作压力的关系研究[J]. 管理评论, 2017, 10(29): 108-119.
[59]洪茹燕, 郭斌, Li Huiping. 组织间信任形成机制研究述评过去、现在与未来展望[J]. 重庆大学学报(哲学与社会科学版), 2019(4): 71-83.
[60]胡青丹. 战略联盟内的组织间学习研究——以TD-SCDMA产业联盟为例[J]. 经济论坛, 2010, 4(284): 101-104.
[61]雷妮. 企业内的组织信任关系对组织学习过程具有重要的影响作用[J]. 湖南社会科学, 2016, 4: 115-119.
[62]李丹, 郭迟. 组织学习与知识转化的关系及IT对二者影响的探讨[J]. 管理学报, 2009, 6(5): 678-683.
[63]刘敏, 矣平清. 论社会资本理论研究的拓展及问题[J]. 甘肃社会科学,

2003，5：97.

[64]刘明伟，张文文，张鹏程，李菊. 聚沙成塔：员工创造力如何转化为团队创新[J]. 管理科学，2019，32(3)：68-79.

[65]刘颖. 企业员工组织信任的内容结构及相关问题研究[D]. 广州：暨南大学，2007.

[66]刘宗华，李燕，萍郭，昱琅，郑馨怡. 组织信任对知识分享的影响——组织认同和高承诺人力资源实践的作用[J]. 经济与管理研究，2016，37(12)：113-122.

[67]陆欣欣，涂乙冬，分享还是不分享：社会困境视角下知识分享[J]. 心理科学进展，2018，26(11)：2057-2067.

[68]商燕劼，庞庆华，李晓峰. 创新激情、知识分享意愿对员工创造力的影响——心理安全感的调节作用[J]. 技术经济，2019，38(3)：8-121.

[69]史江涛. 员工关系、沟通对其知识共享与知识整合作用的机制研究[D]. 杭州：浙江大学，2007.

[70]宋琦. 领导风格、员工午间活动与创新绩效的关系研究[D]. 合肥：中国科学技术大学，2016.

[71]檀灿灿，殷华方. 组织学习、战略类型对海外区位选择的影响——来自中国上市公司的经验证据[J]. 技术经济，2019，7(18)：119-130.

[72]王晨曦，范雪灵，周禹. CEO 变革导向领导行为与组织的探索性技术创新——创新氛围和组织学习的链式中介作用[J]. 经济管理，2017，7(39)：120-133.

[73]王文. 组织内社会交换对工作产出作用机制的实证研究[D]. 上海：复旦大学，2011.

[74]王文彬. 社会资本情境与个人选择行为——社会资本匮乏条件下的感性选择[D]. 长春：东北大学，2006.

[75]王雁飞，王丽璇，朱瑜. 基于资源保存理论视角的心理资本与员工创新行为关系研究[J]. 商业经济与管理，2019(3)：40-49.

[76]王雁飞，朱瑜. 组织社会化、信任、知识分享与创新行为：机制与路径研

究[J]. 研究与发展管理，2012(2)：34-46.
[77]卫武，赵鹤，肖德云. 组织学习与企业预测能力——基于组织注意力视角[J]. 科研管理，2019，40(2)：144-153.
[78]吴庆海. 野中郁次郎的“知识创造”[J]. 企业管理，2017，8：18-21.
[79]谢荷锋. 企业员工知识分享中的信任问题实证研[D]. 杭州：浙江大学，2007.
[80]谢洪明，刘常勇，陈春辉. 市场导向与组织绩效的关系：组织学习与创新的影响——珠三角地区企业的实证研究[J]. 管理世界，2006(2)：80-94.
[81]谢洪明，吴隆增，王成. 组织学习、知识整合与核心能力的关系研究[J]. 科学学研究，2007，25(2)：312-317.
[82]杨东柱. 帕特南的社会资本理论解析[J]. 理论界，2019，4：10-16.
[83]许冠南. 关系嵌入性对技术创新绩效的影响研究——基于探索型学习的中介机制[D]. 杭州：浙江大学，2008.
[84]许梅枝，张向前. 包容型氛围对员工创造力的跨层次影响研究——以知识共享为中介[J]. 科技进步与对策，2019，36(5)：138-144.
[85]阳芳，韦晓顺. 组织信任对新员工工作满意度影响的实证研究[J]. 江西社会科学，2016，6：210-216.
[86]杨丽君. 企业劳动关系调整机制研究[D]. 成都：西南财经政法大学，2010.
[87]杨烁，余凯. 组织信任对教师知识共享的影响研究——心理安全感的中介作用及沟通满意度的调节作用[J]. 教育研究与实践，2019，2：39-45.
[88]阳毅，冷天祺. 知识型员工为什么进行分享：基于COR理论的综述和展望[J]. 科技与经济，2019，32(5)：81-85.
[89]张庆红，仝嫦哲 . 组织中的知识分享：理论基础、研究综述与展望[J]. 中国人力资源开发，2016 (17)：6-13，22.
[90]张连德. 信任研究的基本问题与进路[J]. 淮北师范大学学报(哲学社会科学版)，2017，38(5)：59-63.
[91]张昕光. 组织知识共享的实现途径及其风险控制研究[D]. 长春：东北大

学，2005.
[92]郑庆华，赵嘉辉，刘琳. 企业社会责任、组织学习与创新行为[J]. 首都经济贸易大学学报(双月刊)，2019，21(5)：103-112.
[93]郑晓涛. 员工组织内信任、信任因素和员工沉默的关系研究[D]. 上海：上海交通大学，2007.
[94]朱永跃，马志强，孙颖. 组织信任影响因素的实证研究[J]. 软科学，2014，28(172)：71-77.
[95]朱瑜，王雁飞. 组织学习：阶段、障碍与方法[J]. 科技管理研究，2010，12：237-240.
[96]李子叶，冯根福. 组织内部知识转移机制、组织结构与创新绩效的关系[J]. 经济管理，2013，1：130-141.

员工组织行为问卷调查

尊敬的女士/先生：

您好！非常感谢您在百忙之中参与本次问卷调查。本次调查主要想了解企业内员工组织下行为的基本规律，以便为企业管理提供理论和实践依据。调查内容完全为研究所用，答案无对错之分，请您根据个人实际情况认真作答。我们郑重承诺，本次调查不涉及贵企业和个人的任何商业秘密，并对本调查获取的信息进行保密。再次衷心感谢您参与本次问卷的调查！

第一部分：以下是您的个人基本资料，请在每个最适当的选项前面的内打√或填写具体信息。

1. 您的性别[单选题]*

男　　女

2. 您的年龄段[单选题]*

20岁及以下　　21~30岁　　31~40岁　　40岁以上

3. 学历[单选题]*

高中及以下　　大专及同等学历　　本科及同等学历　　硕士及以上

4. 职位[单选题]*

高层管理者　　中层管理者　　基层管理者　　一般员工

5. 在本企业的工作年限[单选题]*

5年以下　　5~10年　　10年以上

6. 您的月收入[单选题]*

5000元以下　　5000~10000元　　10000元以上

第二部分：

问卷 1. 以下题目是您对您所在组织的看法，请您根据实际情况，在最符合选项对应的数字上打✓。1=完全不同意，2=基本不同意，3= 中立，4=基本同意，5=完全同意。

1. 我认为公司是值得信赖的	1	2	3	4	5
2. 我觉得在公司的工作是有保障的	1	2	3	4	5
3. 我觉得公司对员工的承诺是真心实意的	1	2	3	4	5
4. 我相信公司能持续贯彻相关管理政策	1	2	3	4	5
5. 我相信上级会尽可能以公正的方式对待我	1	2	3	4	5
6. 我相信上级所说的话是诚实可信的	1	2	3	4	5
7. 我相信上级会尽可能地考虑我的权益	1	2	3	4	5
8. 我相信上级会以诚恳的态度对待员工的意见	1	2	3	4	5
9. 我相信上级在任何时候都会支持我与协助我	1	2	3	4	5
10. 我充分相信同事们的工作能力	1	2	3	4	5
11. 当我工作忙时，我相信同事会帮助我	1	2	3	4	5
12. 我相信同事对我的承诺与保证	1	2	3	4	5
13. 当我工作困难时，我相信同事们会支援我	1	2	3	4	5

问卷 2. 以下题目是您对您自身的看法，请您根据实际情况，在最符合选项对应的数字上打✓。1=完全不同意，2=基本不同意，3= 中立，4=基本同意，5=完全同意。

1. 我乐意与他人分享自己的知识与经验	1	2	3	4	5
2. 参与讨论时，我会尽可能提供自己的意见	1	2	3	4	5
3. 对于同事提出的问题，我会尽可能地解答	1	2	3	4	5
4. 同事需要帮助的时候，我会尽量提供他所需要的资料和文件	1	2	3	4	5
5. 我认为与他人分享知识经验是一件很有成就感的事情	1	2	3	4	5

6. 我能快速地找到执行工作任务时所需要的知识 1 2 3 4 5
7. 我对新观点或新事物会采取接纳的态度 1 2 3 4 5
8. 我会以他人理解的方式表达我的意见 1 2 3 4 5
9. 我有能力分辨对于工作有价值的知识 1 2 3 4 5
10. 我可以快速地找到执行工作任务时所需要的特殊技巧
1 2 3 4 5

问卷 3. 以下题目是您对您的行为评价，请您根据实际情况，在最符合选项对应的数字上打√。1=完全不同意，2=基本不同意，3= 中立，4=基本同意，5=完全同意。

1. 我经常寻找机会改善工作方法与工作流程 1 2 3 4 5
2. 我经常尝试采用新方法解决工作中出现的问题 1 2 3 4 5
3. 我会从不同的角度来思考问题 1 2 3 4 5
4. 我不放过一个了解和发现问题的机会 1 2 3 4 5
5. 我经常建议在公司中推行新的工作方法 1 2 3 4 5
6. 我经常冒险去支持新的想法或创意 1 2 3 4 5
7. 我经常会给同事们介绍一些新的工作方法 1 2 3 4 5
8. 我经常检验新工作方法的有效性 1 2 3 4 5

问卷 4. 以下题目是您对您组织的看法，请您根据实际情况，在最符合选项对应的数字上打√。1=完全不同意，2=基本不同意，3= 中立，4=基本同意，5=完全同意。

1. 我们主管认为公司的学习能力对建立我们的竞争优势非常重要
1 2 3 4 5
2. 将学习视为改进的主要方法是我们公司的基本价值观之一
1 2 3 4 5
3. 我们公司将员工的学习视为一项投资而不是成本费用
1 2 3 4 5

4. 我们公司认为学习是公司生存的必要保障　1　2　3　4　5

5. “一旦我们停止学习，我们的未来就会有危险”是我们公司的共识　1　2　3　4　5

6. 我们对公司定位以及未来发展的概念有清楚的界定和表述　1　2　3　4　5

7. 我们公司中每个层级和部分都有一个共同的组织愿景　1　2　3　4　5

8. 我们公司的所有员工都承诺：要为公司的目标而努力工作　1　2　3　4　5

9. 我们公司的每个员工都觉得他们对公司未来的发展负有责任　1　2　3　4　5

10. 我们公司的高层管理者会与他们的下属员工分享他们的愿景　1　2　3　4　5

11. 我们不怕质疑公司对于运营方式的各种假设　1　2　3　4　5

12. 我们公司认为包容接纳各种不同的声音是很重要的　1　2　3　4　5

13. 我们公司的主管鼓励员工能超越常规去思考　1　2　3　4　5

14. 我们公司非常重视并高度评价原创性的观念/意见　1　2　3　4　5